मशीनिस्ट प्रथम वर्ष
हिंन्दी MCQ

मनोज डोळे

डिजिटाइजेशन समय की मांग है। भविष्य में, प्रशिक्षण को अधिक सुविधाजनक और आसान बनाने के लिए ऑनलाइन इंटरनेट का उपयोग करके औद्योगिक प्रशिक्षण संस्थानों में प्रशिक्षण आयोजित करने की आवश्यकता होगी। एमसीक्यू प्रश्नों के एक सेट वाली ई-पुस्तकें प्रशिक्षुओं को उपलब्ध कराई जाएंगी क्योंकि उन्हें अपने औद्योगिक प्रशिक्षण संस्थानों में होने वाली ऑनलाइन परीक्षाओं की तैयारी के लिए बहुविकल्पीय प्रश्नों एमसीक्यू के अधिक आदी होने की आवश्यकता है।

इन सब बातों को ध्यान में रखते हुए औद्योगिक प्रशिक्षण संस्थान सतारा के प्रशिक्षक श्री मनोज मधुकर डोले ने नई वार्षिक प्रणाली और एनएसक्यूएफ-5 पाठ्यक्रम के अनुसार पुस्तकें लिखी हैं। और उन्होंने प्रशिक्षण को आसान बनाने के लिए सैद्धांतिक मोबाइल ऐप और ब्लॉग बनाए हैं, और इन सभी शैक्षिक सामग्री को विश्व प्रसिद्ध वेबसाइटों Google Play Store, Amazon और Apple Book Store पर डाउनलोड के लिए उपलब्ध कराया है।

पुस्तकों का प्रकाशन माननीय सहसंचालक श्री राजेंद्र घुमे साहेब प्रादेशिक व्यावसायिक शिक्षण व प्रशिक्षण कार्यालय, पुणे द्वारा दिनांक 9/1/2019 को किया गया, इस समय श्री प्रकाश सहगवकर साहब प्राचार्य शासकीय औद्योगिक प्रशिक्षण संस्थान औंध पुणे, श्री तुकाराम मिसाल साहेब प्राचार्य सरकार प्र. संस्था सतारा, श्री सचिन धूमल साहब जिला व्यावसायिक शिक्षा एवं प्रशिक्षण अधिकारी सतारा, श्री यतिन परगांवकर साहब प्राचार्य शासन. Q. संस्था कोल्हापुर, श्री विकास टेक साहब इंस्पेक्टर वोकेशनल एजुकेशन एंड ट्रेनिंग रीजनल ऑफिस पुणे, पालेकर फूड्स प्रोडक्ट्स प्रा. लि. सतारा के उद्यमी अध्यक्ष श्री नीलकंठराव पालेकर साहब, हीरा फूड्स के अध्यक्ष श्री इब्राहिम बाबा तंबोली साहब, श्रीमती शाल्मली पवार मुख्याध्यापिका शासकीय तकनीकी विद्यालय केंद्र सतारा सहित अन्य गणमान्य व्यक्ति इस अवसर पर उपस्थित थे।

क्रम-सूची

प्रस्तावना

मशीनिस्ट प्रथम वर्ष हिंन्दी MCQ आईटीआई और इंजीनियरिंग कोर्स लिफ्ट और एस्केलेटर मैकेनिक के लिए एक सरल बुक है, प्रथम वर्ष 1 , संशोधित एनएसक्यू एफ -5 पाठ्यक्रम 2022 में , इसमें रेखांकित और बोल्ड सही उत्तरों के साथ वस्तुनिष्ठ प्रश्न शामिल हैं एमसीक्यू कवरिंग व्यापार से संबंधित सुरक्षा पहलू के बारे में सभी नवीनतम और महत्वपूर्ण सहित सभी विषय, बुनियादी फिटिंग संचालन, बनाना, फाइलिंग, काटने का कार्य, छेनी, ड्रिलिंग, टैपिंग, पीस, विभिन्न फिट जैसे स्लाइडिंग, टी-फिट और स्क्वायर फिट खराद संचालन, थ्रेड कटिंग, स्लॉटिंग मशीन और विभिन्न घटकों को बनाने सहित टर्निंग ऑपरेशन, विभिन्न कार्यों के व्यापक कवरेज के साथ पारंपरिक मिलिंग मशीन। सतह और बेलनाकार) और बहुत कुछ।

हम प्रत्येक नए संस्करण के साथ नए प्रश्न उत्तर जोड़ते हैं। किसी भी त्रुटि/चूक के मामले में कृपया हमें ईमेल करें। यह यकीनन सभी इंजीनियरिंग बहुविकल्पीय प्रश्नों और उत्तरों के लिए सबसे बड़ी और सर्वश्रेष्ठ ई-बुक है।

एक छात्र के रूप में आप इसे अपनी परीक्षा की तैयारी के लिए उपयोग कर सकते हैं। यह पुस्तक प्रोफेसरों के लिए सामग्री को ताज़ा करने के लिए भी उपयोगी है।

भूमिका

डीजीईटी नई दिल्ली और सीएसटीएआरआई कोलकाता अगस्त 2018 सत्र से आईटीआई में सभी व्यवसायों के लिए एक वार्षिक पैटर्न लागू कर रहे हैं। परीक्षा प्रणाली में भी बदलाव किया जाएगा और यह इस साल से ऑनलाइन हो जाएगी और चूंकि सभी प्रश्न वस्तुनिष्ठ प्रकार (एमसीक्यू) के हैं, इसलिए प्रशिक्षुओं को गहन अध्ययन की सख्त जरूरत है। इसे ध्यान में रखते हुए हमें पुराने NIMI पैटर्न पर आधारित पुस्तकें और नए वार्षिक पैटर्न का संपूर्ण अवलोकन प्रस्तुत करते हुए प्रसन्नता हो रही है, और हम आशा करते हैं कि ये पुस्तकें सभी व्यावसायिक निदेशकों और प्रशिक्षुओं के लिए एक मार्गदर्शक होंगी। है।

इन पुस्तकों को लिखने के लिए आईटीआई अकलुज के प्राचार्य जोहर अवाटे साहब ने कहा। आईटीआई सतारा सहगवकर साहब के पूर्व प्राचार्य, सहायक निदेशक श्री चंद्रकांत ढेकने साहेब क्षेत्रीय व्यावसायिक शिक्षा एवं प्रशिक्षण कार्यालय, पुणे, जिला व्यावसायिक शिक्षा एवं प्रशिक्षण अधिकारी सचिन धूमल साहेब एवं प्रधानाध्यापक शासकीय तकनीकी विद्यालय केन्द्र शाल्मली पवार मैडम एवं पुत्र अधिराज डोले, माता कुसुम डोले , मैं अपने पिता मधुकर डोले और पत्नी अश्विनी डोले को समय-समय पर उनके विशेष मार्गदर्शन और सहयोग के लिए बहुत आभारी हूं।

साथ ही, बहुत ही कम समय में श्री राजेन्द्र घुमे साहेब, संयुक्त निदेशक, व्यावसायिक शिक्षा और प्रशिक्षण क्षेत्रीय कार्यालय, पुणे द्वारा पुस्तक के प्रकाशन में उनके अमूल्य समय के लिए पुस्तक की समीक्षा की गई। मैं उनकी प्रतिक्रिया के लिए हृदय से आभारी हूँ।

पुस्तक लिखने की शुरुआत से ही निरंतर समर्थन के लिए मैं आईटीआई सतारा के प्रशिक्षक का आभारी हूं।

इस पुस्तक से, मैं खुद को धन्य मानता हूं कि मैंने आपके साथ ई-लर्निंग पर अपने विचार साझा किए। मैं यह दावा नहीं करूंगा कि यह पुस्तक पूर्ण है, क्योंकि पूर्णता को देखते हुए यह पुस्तक एक प्रयास है और अपनी शैशवावस्था में है। यदि उनका परीक्षण और सुझाव दिया जाए तो वे सुधार के लिए मूल्यवान होंगे।

मनोज डोले

दिनांक 9/1/2019

पावती (स्वीकृति)

21वीं सदी में औद्योगिक क्षेत्र में तेजी से बढ़ती मांग के अनुरूप बहु-कुशल कारीगरों की आपूर्ति के लिए व्यावसायिक शिक्षा और प्रशिक्षण विभाग के माध्यम से व्यावसायिक शिक्षा और प्रशिक्षण विभाग के माध्यम से व्यावसायिक शिक्षा और प्रशिक्षण प्रदान किया जाता है। संस्थानों के भीतर सभी व्यवसाय महत्वपूर्ण हैं, क्योंकि इन व्यवसायों के प्रशिक्षु उद्योग की मांगों के अनुसार बहु-कौशल विकसित करते हैं।

सभी व्यवसायों के लिए उपयुक्त एमसीक्यू ई-पुस्तकें उपलब्ध कराने के नेक इरादे से, यह देखते हुए कि औद्योगिक क्षेत्र के सभी उद्योगों में सभी परीक्षाएं ऑनलाइन आयोजित की जाती हैं और इसमें एमसीक्यू पद्धति के प्रश्न शामिल होते हैं। श्री मनोज मधुकर डोले ने नए वार्षिक पाठ्यक्रम के अनुसार एमसीक्यू पद्धति पर एक बहुत अच्छी ई-बुक लिखी है। यह ई-पुस्तक निश्चित रूप से सभी प्रशिक्षुओं, प्रशिक्षु उम्मीदवारों, प्रशिक्षण प्रशिक्षकों और अन्य संबंधितों के लिए एक मार्गदर्शक होगी।

पुस्तक के लेखक श्री मनोज मधुकर डोले, इंस्ट्रक्टर गॉव आईटीआई सतारा को 17 साल का प्रशिक्षण अनुभव है। एक नए वार्षिक पैटर्न के रूप में लिखी गई, यह ई-बुक प्रत्येक विषय के लिए लेआउट, सरल भाषा और सरल सिंटैक्स, आरेख और वीडियो को समझने के लिए आधुनिक डिजिटल क्यूआर कोड तकनीक को शामिल करती है। इसलिए मुझे विश्वास है कि यह ई-पुस्तक निश्चित रूप से गहन अध्ययन और परीक्षा अभ्यास के लिए उपयोगी होगी। उन्होंने जो कार्य किया है वह निश्चित रूप से काबिले तारीफ है।

श्री तुकाराम मिसाल
प्राचार्य शासकीय औद्योगिक प्रशिक्षण संस्था सातारा.

आमुख

हमारे औद्योगिक प्रशिक्षण संस्थानों की औद्योगिक प्रशिक्षण और सैद्धांतिक परीक्षा प्रणाली और इन परिवर्तनों को शिल्प प्रशिक्षकों और प्रशिक्षुओं द्वारा स्वीकार किया गया है। आपके औद्योगिक प्रशिक्षण संस्थानों में आयोजित सैद्धांतिक परीक्षाएं भी ऑनलाइन आयोजित की जाती हैं। चूंकि ये परीक्षाएं बहुविकल्पीय एमसीक्यू पद्धति की हैं, इसलिए प्रशिक्षुओं को ऐसे प्रश्नों का अधिक अभ्यास करने की आवश्यकता होगी।

इन सब बातों को ध्यान में रखते हुए श्री मनोज मधुकर, निदेशक, डोले क्राफ्ट्स, कटारी औद्योगिक प्रशिक्षण संस्थान, सतारा, ने नई वार्षिक प्रणाली और NSQF-5 के अनुसार, गहन अध्ययन किया है और अपनी मेहनत से और अपनी गहरी बुद्धि को जोड़ा है। पाठ्यक्रम, कटारी और अन्य मशीन ट्रेडों की ई-बुक। -बुक) और उन्होंने प्रशिक्षण को आसान बनाने के लिए सैद्धांतिक विषयों पर मोबाइल ऐप और ब्लॉग बनाए हैं और इन सभी शैक्षिक सामग्री को विश्व प्रसिद्ध वेबसाइटों Google Play Store, Amazon और Apple Book Store पर डाउनलोड के लिए उपलब्ध कराया है। प्रिंट संस्करण बनाकर और क्यूआर कोड जैसी उन्नत तकनीकों का उपयोग करके प्रशिक्षण को आसान बना दिया गया है।

ये सभी शैक्षिक सामग्री निश्चित रूप से सभी प्रशिक्षुओं के लिए गहन अध्ययन के लिए और शिल्प प्रशिक्षकों और अन्य संबंधितों के लिए एक मार्गदर्शक होगी जो व्यावसायिक प्रशिक्षण प्रदान कर रहे हैं।

1

मशीनिस्ट प्रथम वर्ष हिंन्दी MCQ Drawing

Online Test Exam
ITI Books
CNC Course
AutoCAD CAM
JOB & Apprentice
Online Theory
Computer Course
Trading Course
Web Designing
MSCIT Course
Shopping Business
Internet Business
Remotasks Course
Online Services
Top Sportsmans
Indian Army
Freedom Fighters
Top Scientists
Social Reformers
Motivational Speaker
Top Richest People
Join WhatsApp Group
Join Facebook Group
Like Facebook Page
PAN / Adhar / Licence Passport

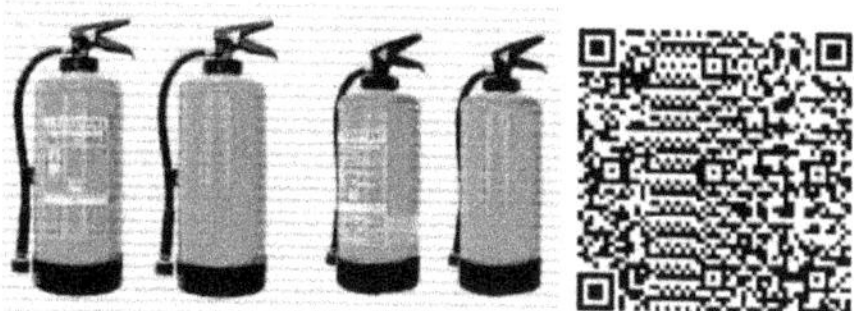

Fire extinguisher

Calliper

Hacksaw frame

Universal surface guage

Hammer

Centre punch

Bench vice

Files

www.itibook.blogspot.com www.itiapp.blogspot.com www.ititests.blogspot.com

www.itibook.com

Scraper

Surface Plate

Outside Micrometer

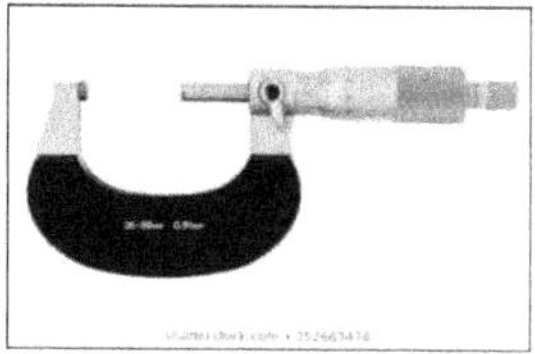

Micrometer

Depth micrometer

Vernier Calliper

Vernier bevel protractor

Drilling

Reamer

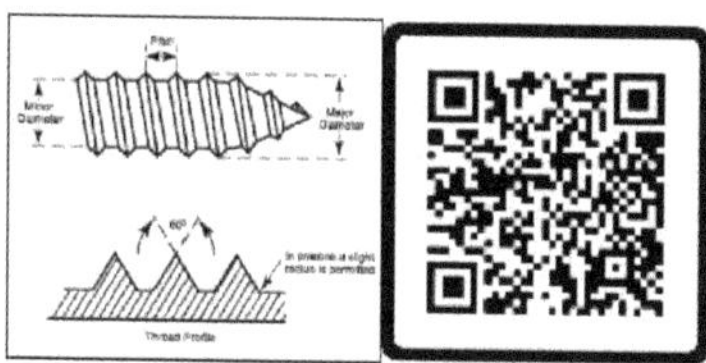

Thread

Tap Die

www.itibook.blogspot.com www.itiapp.blogspot.com www.ititests.blogspot.com

www.itibook.com

Grinding Wheel

Slip gauge

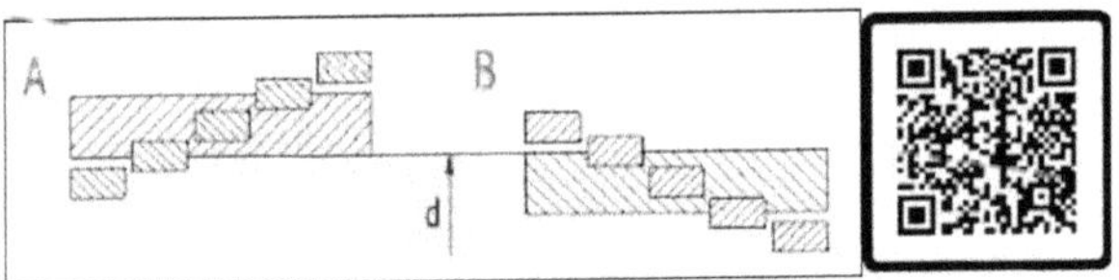

Limit fit tolerance

Lathe Machine

Lathe chuck

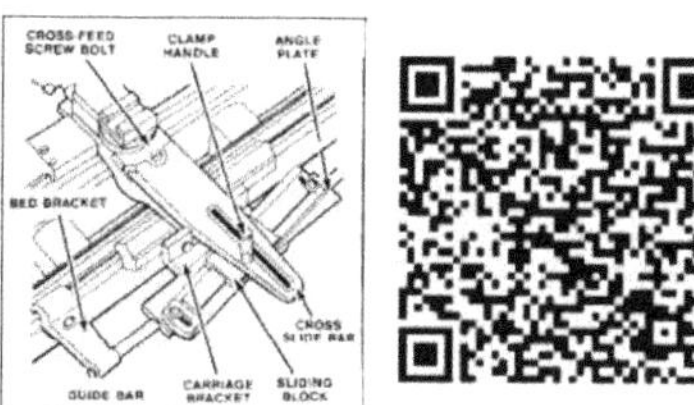

Taper turning attachment

taper ring gauge

screw pitch gauge

Gear

screw pitch gauge

Tap Die

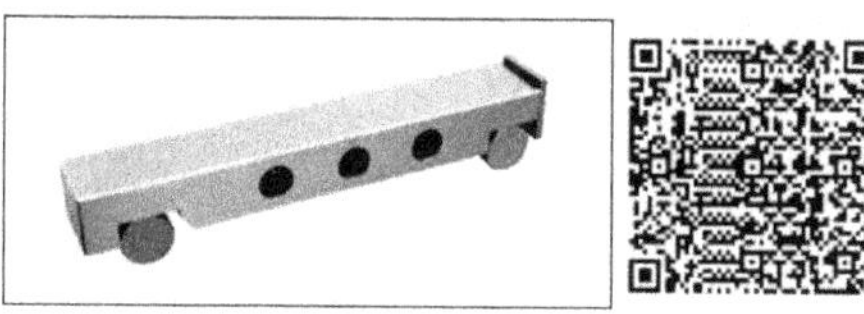

Sine bar

Slip gauge

Dial test indicator

Telescopic gauge

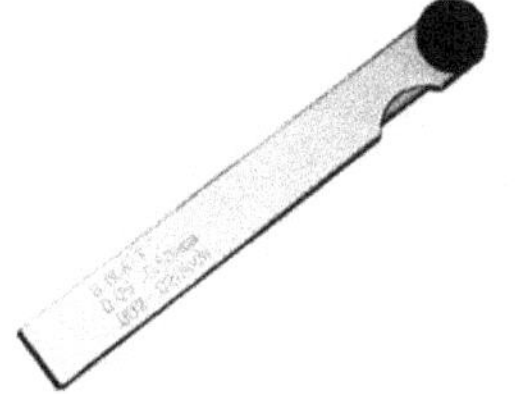

Feeler gauge

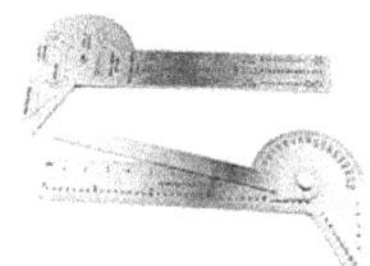

Centre gauge

Jig

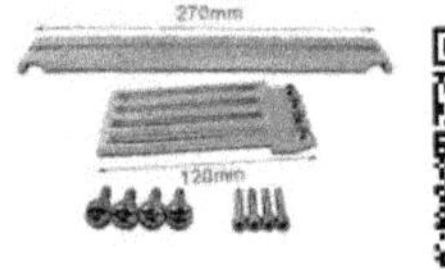

Fixture

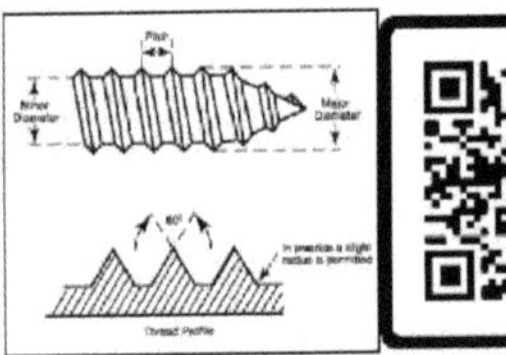

Thread

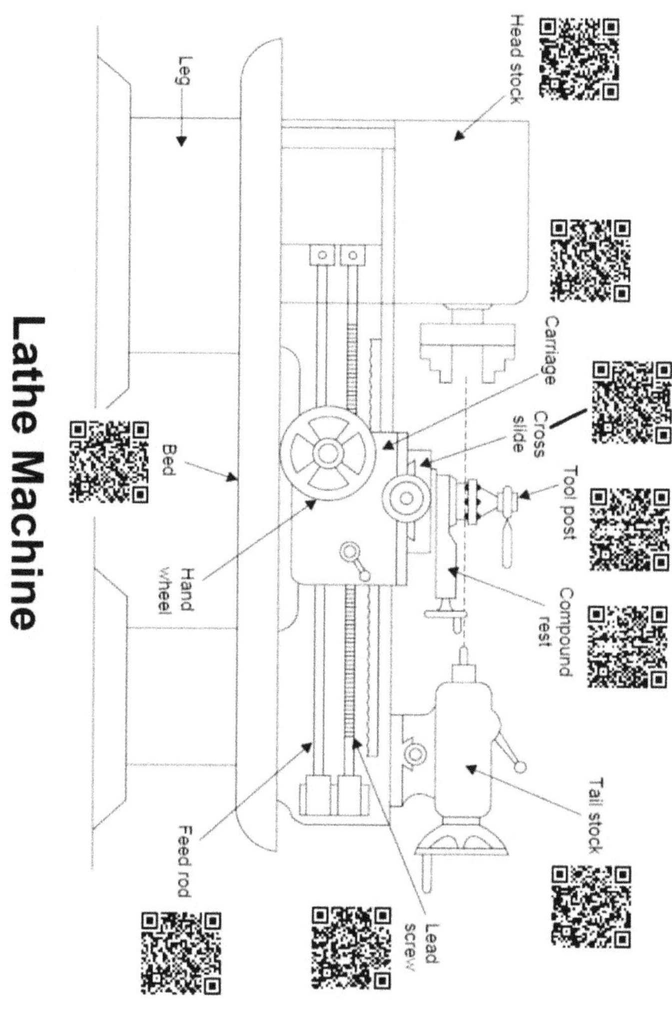
Lathe Machine
Head stock
Leg
Carriage
Cross slide
Tool post
Bed
Hand wheel
Compound rest
Tail stock
Feed rod
Lead screw

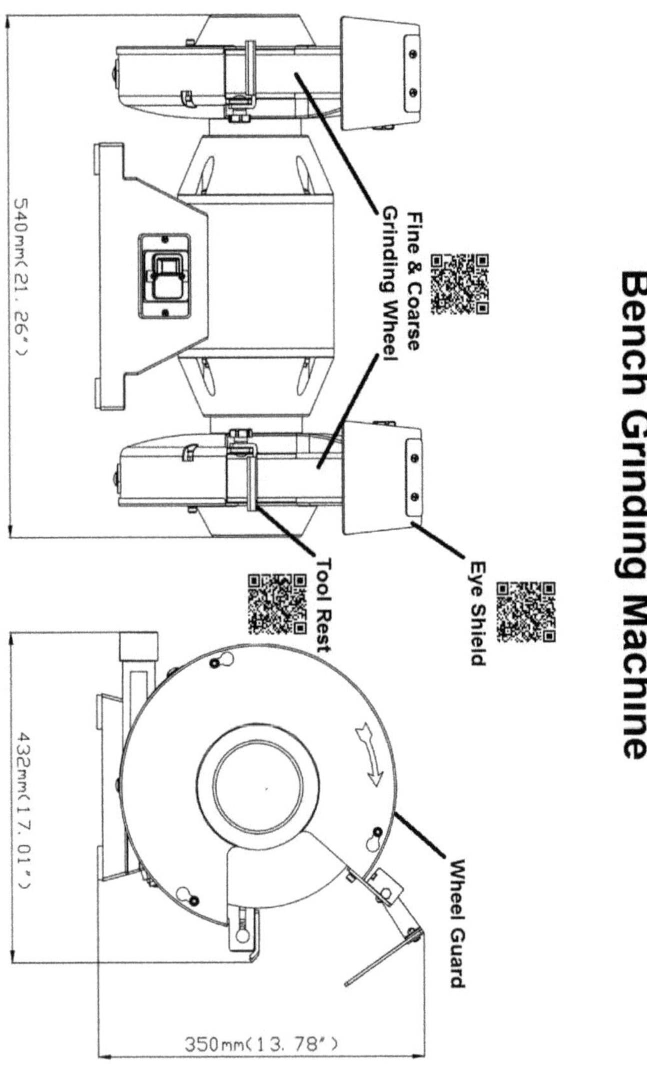
Bench Grinding Machine
Fine & Coarse
Grinding Wheel
Eye Shield
Tool Rest
Wheel Guard
540mm(21.26")
432mm(17.01")
350mm(13.78")

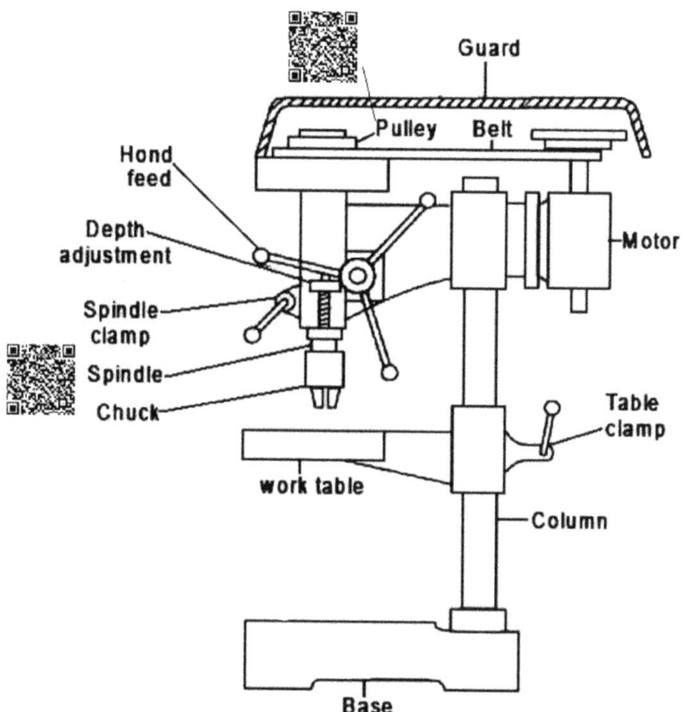

Piller Drilling Machine

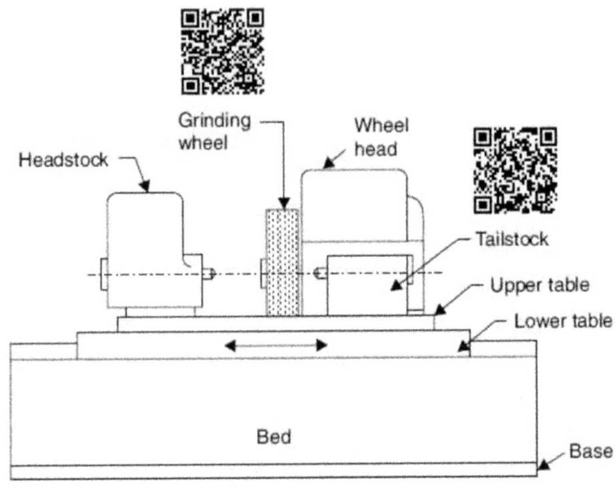

plain cylindrical grinder

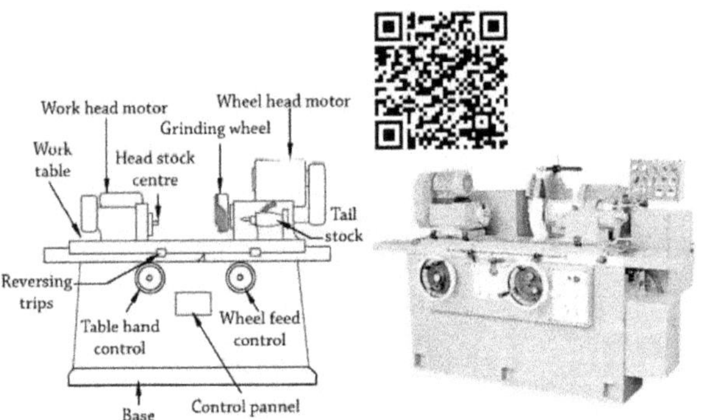

Cylindrical grinding machine

To study Different operations and parts of Surface Grinding Machine

SURFACE GRINDER

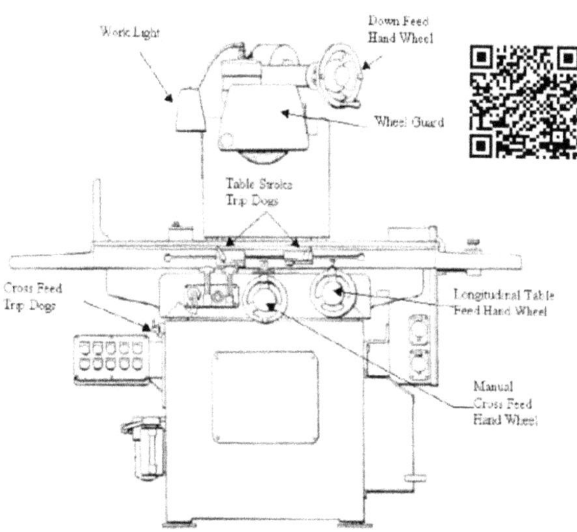

Surface grinding is used to produce a smooth finish on flat surfaces. It is a widely used abrasive machining process in which a spinning wheel covered in rough particles (grinding wheel) cuts

PLAIN OR HORIZONTAL MILLING MACHINE

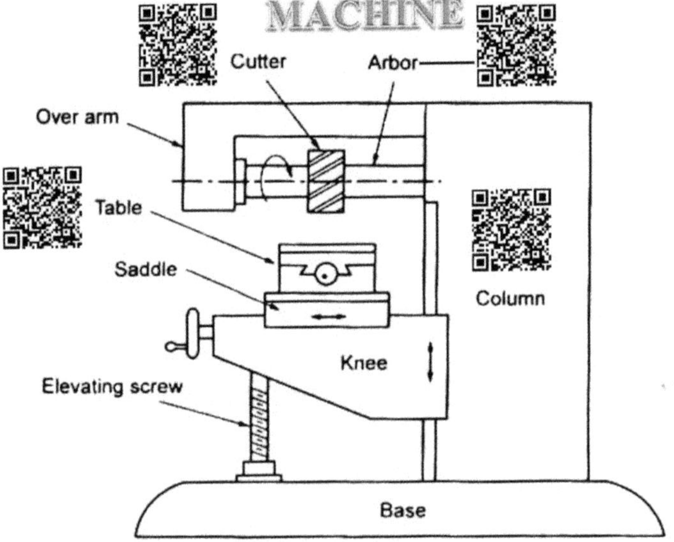

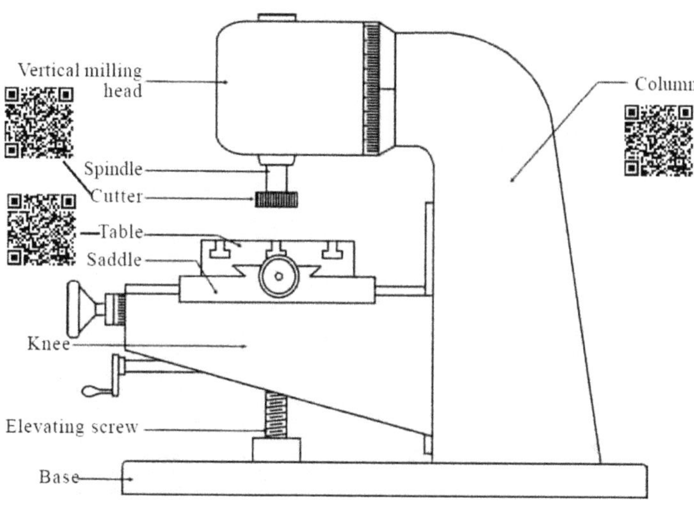

Vertical Milling Machine

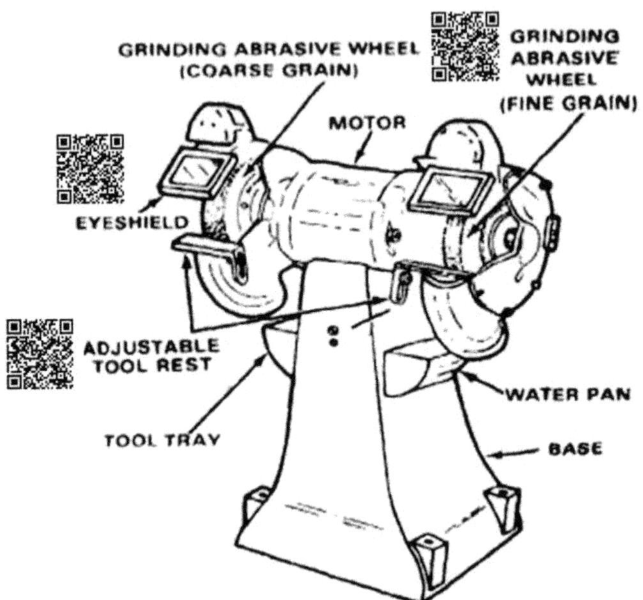

Pedastal Grinding Machine

DOUBLE HOUSING PLANER

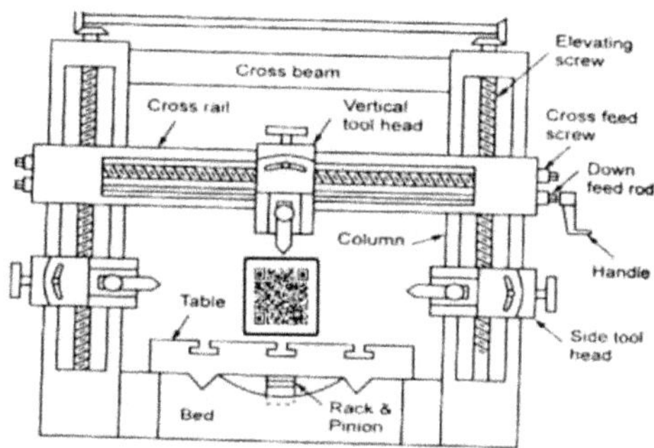

PIT PLANER

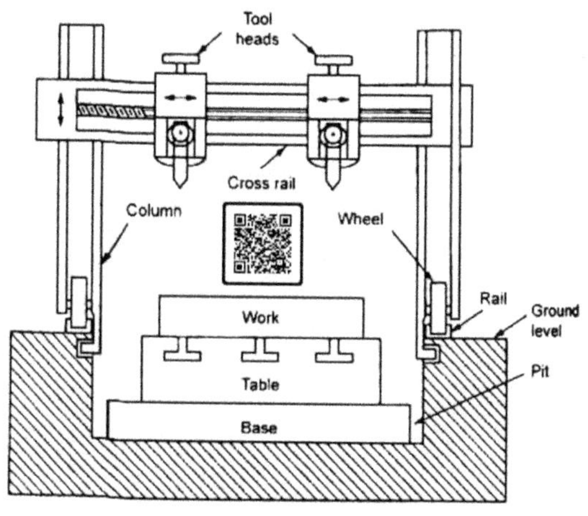

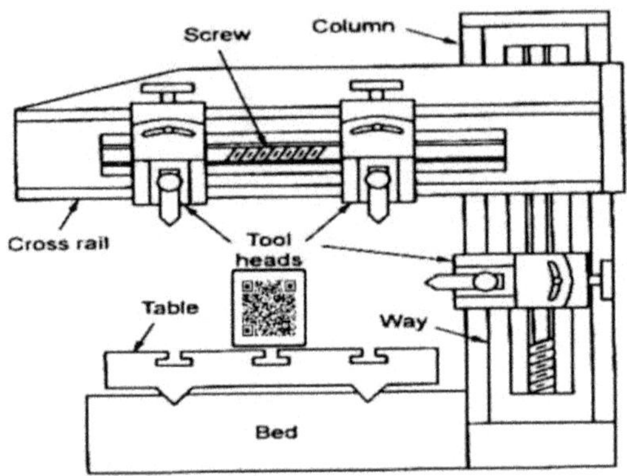

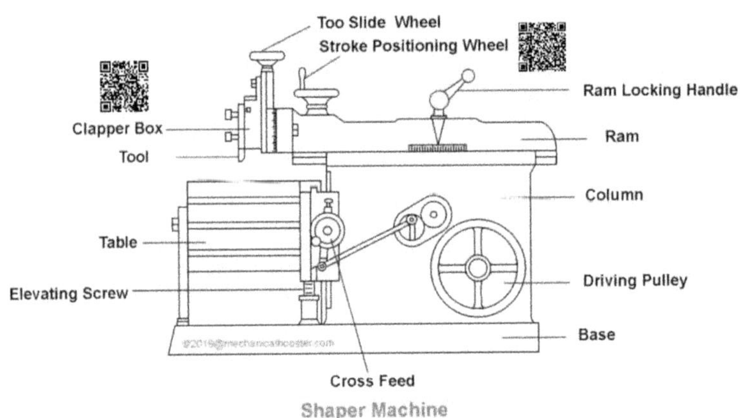

Shaper Machine

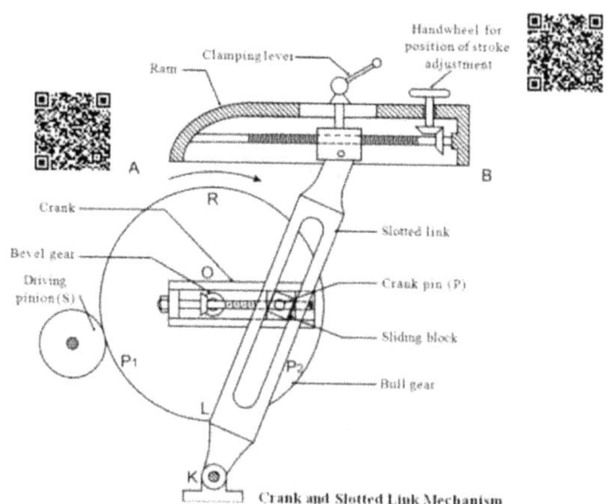

Crank and Slotted Link Mechanism

Quick Return Mechanism of Shaper Machine

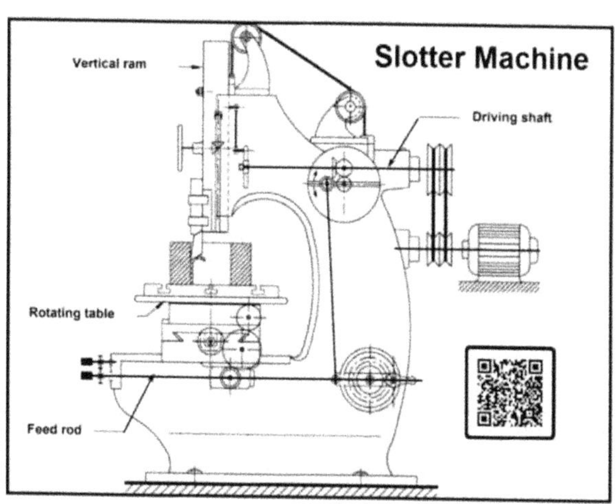

2

मशीनिस्ट प्रथम वर्ष हिंन्दी MCQ

01] जापानी में Seiko का अर्थ -------------- होता है

<u>ए] शाइन</u>

बी] क्रमबद्ध करें

सी] मानकीकरण

डी] सस्टेनेबल

02] एसएस प्रणाली का लाभ है ------

ए] उत्पादकता में वृद्धि

बी] गुणवत्ता में वृद्धि

सी] समय की बर्बादी में कमी

<u>डी] येसभी</u>

03] सुरक्षा है -----------

ए] किसी का व्यवसाय नहीं

<u>बी] हरबॉडीबिजनेस</u>

सी] कुछ निकायों का व्यवसाय

डी] संगठन व्यवसाय

04] सुरक्षा संकेतों की बुनियादी श्रेणियों के लिए उपलब्ध हैं "निषेध" चिह्न का अर्थ ----

<u>ए] दिखाताहैकियहनहींकियाजानाचाहिए</u>

बी] दिखाता है कि क्या किया जाना चाहिए

सी] खतरे या खतरे की चेतावनी देता है

डी] सुरक्षा प्रावधान की जानकारी देता है

05] रक्तस्राव के मामले में, उपचार करें .

डी] ठंडा 3" और आराम

<u>ए] ठंडेपानीकाछिड़कावकरें</u>
बी] तुरंत पट्टी -----]
बी] दुर्घटना के बारे में पूछताछ सोचा इलाज
06] दुर्घटना की स्थिति में पीड़ित को
ए] आराम करने के लिए कहा
<u>सी] तुरंतभागलिया</u>
डी] उसे छोड़ दो
07] प्राथमिक रूप से घायल या बीमार व्यक्ति को प्राथमिक उपचार दिया जाता है
ए] जीवन बचाओ
बी] मफ की और गिरावट को रोकें
सी] सर्वोत्तम संभव आराम दें
<u>डी] येसभी</u>
08] बेकार कागज को अलग करने के लिए डिब्बे का रंग कोड है -----
<u>ए] नीलारंग</u>
बी] पीला रंग
सी] लाल रंग
डी] हरा रंग
09] कौन सी वर्कशॉप सेफ्टी है?
<u>ए] दुकानकेफर्शकोसाफऔरग्रीस, तेलयाअन्यफिसलनसामग्रीसेमुक्तरखें</u>
बी] गति बदलने से पहले मशीन बंद करो
सी] फटे या चिपके हुए औजारों का प्रयोग न करें
D] चल रही मशीन को हाथ से रोकने की कोशिश न करें
10] पर्सनल प्रोटेक्ट इक्विपमेंट (PPE) में HELMET का उपयोग किया जाता है
<u>ए] सिरकीरक्षाकरें</u>
बी] आंखों की रक्षा करें
सी] हाथों की रक्षा करें
डी] कानों की रक्षा करें
11] निम्नलिखित में से कौन सामान्य सुरक्षा से संबंधित है?
A एक कार्यकर्ता को अच्छे व्यवहार में रखें
बी] काम साफ और स्पष्ट
सी] अपने काम पर ध्यान लगाओ
<u>डी] फर्शऔरगैंगवेकोसाफऔरसाफरखें</u>
12] पीसते समय आंखों की रक्षा के लिए किसका प्रयोग किया जाता है?
ए] गहरा हरा कांच

बी] मुखौटा

सी] धूप का चश्मा

डी] सुरक्षाचश्मा

13] मशीन सुरक्षा के लिए निम्नलिखित में से क्या किया जाता है?

ए] मशीनशुरूकरनेसेपहलेतेलकेस्तरकीजांचकरें

बी] चीजों को व्यवस्थित तरीके से करें

सी] फर्श और गैंगवे को साफ और साफ रखें

डी] डाई और स्कार्फ का प्रयोग न करें

14] व्यक्तिगत सुरक्षा उपकरण (पीपीई।, 'स्लीव्स' का उपयोग ---------- की सुरक्षा के लिए किया जाता है)

एक चेहरा

बी] आंखें

सी] कान

डी] हाथ

15] एबीसी का मतलब --------------

ए] स्वचालित श्वास नियंत्रण

बी] स्वचालित रक्त नियंत्रण

सी] वायुमार्गश्वासपरिसंचरण

डी] स्वचालित रक्त परिसंचरण

04] आग और आग बुझाने वाले

16] "कक्षा बी" की आग को बुझाने के लिए किस प्रकार के अग्निशामक यंत्र का उपयोग किया जाता है ....]

ए] शुष्कशक्ति

बी] कार्बन डाइऑक्साइड

सी] पानी की जेट

डी] फोम प्रकार

fire extinguisher Fire Extingusher

आग बुझाने वाला एनिमेशन वीडियो

17] सामान्य आग को बुझाने के लिए किस प्रकार के अग्निशामक यंत्र का उपयोग किया जाता है?

ए] जलप्रकारबुझानेवाला

बी] फोम प्रकार बुझाने वाला

सी] शुष्क रासायनिक पाउडर एक्सटिंगुइशर

डी] कार्बन डाइऑक्साइड (C02] बुझाने वाला)

हाथउपकरणऔरमापनेकेउपकरण

18] एक माइक्रोमीटर (U) बराबर होता है...

ए] 0.1 मिमी

बी] 0.01 मिमी

सी] 0.001 मिमी

डी] 0.0001 मिमी

19] एक स्लॉट की चौड़ाई मापने के लिए कैलीपर है...

ए] अजीब पैर कैलिपर

बी] बाहरी कैलिपर

सी] जेनी कैलिपर

डी] कैलिपरकेअंदर

<u>calliper</u> <u>precision instruments</u>

20] डिवाइडर का आकार ---------- द्वारा निर्दिष्ट किया जाता है

ए] पैरों की कुल लंबाई

बी] पूरी तरह से खुलने पर बिंदुओं के बीच की दूरी

सी] बिना बिंदुओं के पैरों की लंबाई

<u>डी] धुरीऔरबिंदुकेबीचकीदूरी</u>

21] डेटम किनारे के समानांतर समानांतर रेखाओं को चिह्नित करने के लिए इस्तेमाल किया जाने वाला उपकरण है -

<u>ए] जेनीकैलिपर</u>

बी] डिवाइडर

सी] बाहरी कैलिपर

डी] कैलिपर के अंदर

22] निम्नलिखित में से कौन सा एक अप्रत्यक्ष माप उपकरण है?

<u>ए] बाहरीकैलिपर</u>

बी] वर्नियर कैलिपर

सी] स्टील नियम

डी] बाहरी माइक्रोमीटर

23] पतली टयूबिंग काटने के लिए, हैक्सॉ ब्लेड की सबसे उपयुक्त पिच है...

ए] 1.8 मिमी

बी] 1.4 मिमी

सी] 1 मिमी

डी] <u>0.8 मिमी</u>

hacksaw Hacksaw Frame Blade

24] ठोस पीतल काटने के लिए, हैक्सॉ ब्लेड की सबसे उपयुक्त पिच है...

ए] 1.8 मिमी

बी] 1.4 मिमी

सी] 1 मिमी

डी] 0.8 मिमी

25] एक नया हैक्सॉ ब्लेड कुछ स्ट्रोक के बाद ढीला हो जाता है क्योंकि...

ए] ब्लेडकाखिंचाव

बी] विंग-अखरोट के धागे खराब हो रहे हैं

सी] ब्लेड की गलत पिच

डी] आरी के सेट का अनुचित चयन।

26] छोटे व्यास के पाइपों को काटते समय नियमित रूप से देखने और यह सुनिश्चित करने की सलाह दी जाती है कि...

ए] कट घुमावदार रेखा के साथ है

बी] अधिकदेखादांतअनुबंधमेंहैं

सी] काम ज़्यादा गरम नहीं है

डी] हैकसॉ का उचित संतुलन बनाए रखा जाता है

27] वाइस क्लैंप का उपयोग किया जाता है

ए] कठोर जबड़े की रक्षा करें

बी] काम के टुकड़ों को सख्ती से जकड़ें

सी] तैयारसतहोंकीरक्षाकरें

डी] जंगम जबड़े को दाखिल होने से रोकें

28] अंकन के दौरान संदर्भ सतह द्वारा प्रदान की जाती है ...

ए] भूतल गेज

बी] वर्कपीस

सी] काम का चित्रण

डी] तालिकाकीसतहकोचिह्नितकरना

29] एक इंजीनियर के वाइस का आकार द्वारा निर्दिष्ट किया जाता है

ए] जंगम जबड़े की लंबाई

बी] जबड़ेकीचौड़ाई

सी] वाइस की ऊंचाई

D] जबड़ों का अधिकतम खुलना

universal surface gauge

Surface Gauge

30] यूनिवर्सल सरफेस गेज का वह भाग जो एक डेटम एज के साथ समानांतर रेखा खींचने में मदद करता है, वह है ..

ए] रॉकर आर्म

बी] सुखद

सी] ठीक समायोजन पेंच

डी] गाइडपिन

31] स्क्राइबर किससे बने होते हैं...

ए] माइल्ड स्टील

बी] उच्चकार्बनस्टील

सी] पीतल

डी] कच्चा लोहा

32] हथौड़े का वह भाग जो हथौड़े को ठीक करने के लिए प्रयोग किया जाता है

एक चेहरा

बी] पीन

सी] गाल

डी] आँखकाछेद

hammer Hammers

33] अंकन के उद्देश्य के लिए हथौड़े का वजन है
ए] 250g
बी] 500g
सी] 1 किलो
डी] 2 किग्रा
34] डिवाइडर का आकार द्वारा निर्दिष्ट किया जाता है
ए] पैरों की कुल लंबाई
बी] पूरी तरह से खुलने पर बिंदुओं के बीच की दूरी
सी] बिंदुओं के बिना पैरों की लंबाई
डी] धुरीऔरबिंदुकेबीचकीदूरी
35] 'वी' ब्लॉक के खांचे का सम्मिलित कोण हमेशा होता है....
ए] 45◦
बी] 60◦
सी] 90◦
डी] 120◦
36] 'वी' ब्लॉक ग्रेड में उपलब्ध हैं ...
ए] एऔरबी
बी] ए, बी और सी
सी] 1,2 और 3
डी] 1 और 2

V' block 1 V Block

37] ग्रेड 'बी' के 'वी' ब्लॉक के बने होते हैं

ए] कच्चालोहा

बी] हल्के स्टील

सी] स्टील

डी] कास्ट स्टील

38] केंद्र का पता लगाने के लिए इस्तेमाल किए जाने वाले पंच का नाम बताएं

A] प्रिक पंच 30°

B] प्रिक पंच 60°

सी] केंद्रपंच

डी] डॉट पंच

39] सेंटर पंच का पॉइंट एंगल -------- होता है

ए] 30 डिग्री

बी] 50 डिग्री

सी] 900

डी] 1200

Centre punch 1 Punches

40] पंचों का उपयोग किसी भी आकार के ---------- बनाने के लिए किया जाता है

ए] छेद

बी] खनन

सी] नूरलिंग

सपना देखना

41] आम तौर पर वाइस के हैंडल की लंबाई ---------- होती है

ए] वाइस के सामान्य आकार का 1.5 गुना

बी] वाइसकेसामान्यआकारका 2.5 गुना

सी] वाइस के सामान्य आकार का 3.5 गुना

डी] वाइस के सामान्य आकार का 4.5 गुना

bench vice Bench Vice

42] बेंच वाइस स्पिंडल का बना होता है

ए] माइल्डस्टील

बी] कच्चा लोहा

सी] टूल स्टील

डी] कांस्य

फाइलोंकेप्रकार

43] फाइलों की उत्तलता मदद करती है

ए] अवतल सतहों को फाइल करने के लिए

बी] उत्तल सतहों को फाइल करने के लिए

सी] कामकेकिनारोंकोगोलकरनेसेरोकनेकेलिए

D] दबाव डालने पर फाइल सीधी हो जाती है

files 1 Files

44] लकड़ी, चमड़ा और अन्य नरम सामग्री भरने के लिए किस फाइल का उपयोग किया जाता है?]

ए] सिंगल कट फाइल

बी] डबल कट फ़ाइल

सी] रास्पकटफ़ाइल

डी] घुमावदार कट फ़ाइल

45] प्रयुक्त फाइल का प्रयोग ------------ के लिए किया जाता है

ए] काम के टुकड़े की सफाई

सी] फ़ाइल दांतों का नवीनीकरण

बी] फाइलदांतोंकीसफाई

डी] चिप्स की सफाई

46] फाइल कार्ड का उपयोग -------- के लिए किया जाता है

ए] काम के टुकड़े को साफ करें

सी] फ़ाइल दांत नवीनीकृत करें

बी] फाइलदांतसाफकरें

47] स्क्राइबर का बिंदु कोण ----------- है

ए] 30 डिग्री

बी] 60 डिग्री

सी] 5° से 10°

डी] 12° से 15°

48] कच्चा लोहा काटने के लिए काटने का कोण है...

ए] 37.5◦

बी] 55◦

सी] 60◦

डी] 90◦

49] छेनी सामग्री में खोदेगी जब...

ए] रेक कोण अधिक है

बी] निकासी कोण बहुत कम है

सी] झुकावकाकोणअधिकहै

डी] झुकाव का कोण बहुत कम है

50] अत्याधुनिक को थोड़ा उत्तलता दी जाती है...

ए] घुमावदार सतहों को काटें

बी] तेज कोनों को काटें

सी] सिरोंकीखुदाईरोकें

डी] स्नेहक को प्रवेश करने दें

पीसनेऔरपीसनेकापहिया

51] एल्युमिनियम ऑक्साइड व्हील पीसने के लिए प्रयोग किया जाता है -----------

ए] कच्चा लोहा

बी] सीमेंटेड कार्बाइड।

सी] एचएसएस ‘

डी] सिरेमिक

52] इत्तला दे दी गई टूल की ऑफहैंड ग्राइंडिंग के लिए उपयुक्त डायमंड व्हील का बॉन्ड है

ए] रेजिनोइड

बी] विट्रिफाइड

सी] शैलैक

<u>डी] धातु</u>

53] निम्नलिखित में से कौन सा बांड आमतौर पर प्रयोग किया जाता है?

<u>ए] विट्रिफाइडबॉन्ड '</u>

बी] रबड़ बंधन

सी] शैलैक बंधन

डी] सिलिकेट बंधन

54] रेजिनोइड .बंधन के लिए पारंपरिक रूप से इस्तेमाल किया जाने वाला प्रतीक ~~~~~~~ . है

ए] वी

बी] आर एफ

<u>सी] बी</u>

डे

55] पीसने के अभ्यास में "ग्रेड ऑफ व्हील" शब्द का अर्थ ------------- है।

ए] इस्तेमाल किए गए अपघर्षक की कठोरता

<u>बी] पहियाकेबंधनकीताकत</u>

सी] व्हील 0 एफ समाप्त करें

डी] काम के टुकड़ों की कठोरता

56] पहियों को काटने में किस बंधन का प्रयोग किया जाता है?

एक रबर

बी] विट्रिफाइड

<u>सी] रेसिरजॉइड</u>

डी] शैलैक

57] घर्षण से बने ग्राइंडिंग व्हील्स अपने फ्री और कूल कटिंग एक्शन के कारण सबसे आम हैं।]

<u>ए] एल्यूमिनियमऑक्साइड</u>

बी] सिलिकॉन ऑक्साइड

सी] अमोनियम ऑक्साइड

डी] कार्बाइड]

Grinding wheels 1 bench grinder-wheel

58] निम्नलिखित में से किस अपघर्षक का उपयोग ज्यादातर गैर-धातु सामग्री को काटने के लिए पहियों को काटने के लिए किया जाता है?

ए] एल्यूमिनियम ऑक्साइड

बी] सिलिकॉनकार्बाइड

सी] हीरा

डी] उपरोक्त में से कोई नहीं

59] टंगस्टन कार्बाइड टूल इंसर्ट को पीसने के लिए किस अपघर्षक कण का उपयोग किया जाता है?

ए] सिलिकॉनकार्बाइड

बी] ए|203

सी] हीरा

डी] कोरन्डम

60] निम्नलिखित में से कौन सा प्राकृतिक अपघर्षक है?

ए] एल्यूमिनियम ऑक्साइड

बी] सिलिकॉन

सी] बोरॉन कार्बाइड

डी] कोरन्डम

61] निम्नलिखित में से कौन सा निर्मित अपघर्षक है?

ए] कोरन्डम]

बी] क्वाट्र्ज

सी] सिलिकॉन

डी] एमरी

62] स्टील की फिटिंग को पीसने के लिए किस अपघर्षक कण का उपयोग किया जाता है?

ए] सिलिकॉन कार्बाइड

बी] एल्यूमिनियमऑक्साइड

सी] हीरा]

डी] बोरॉन ऑक्साइड

63] कंक्रीट के पत्थर और चिनाई को काटने के लिए किस तरह के अपघर्षक कट ऑफ व्हील का इस्तेमाल किया जाना चाहिए?

ए] सिलिकॉन

बी] अल 203

<u>सी] डायमंडग्रिट</u>

डी] ग्लास

64] ग्राइंडिंग व्हील की कठोरता __________ द्वारा निर्धारित की जाती है

<u>ए] प्रतिरोधलगायागया] बंधनद्वारातनावकोपीसनेकेखिलाफ</u>

बी] घर्षण अनाज की कठोरता

सी] बंधन की कठोरता

डी] प्रवेश करने की क्षमता

65] जब ग्राइंडिंग व्हील को बहुत तेज गति से सुरक्षित रूप से चलाने की आवश्यकता होती है, तो किस बंधन का उपयोग किया जाना चाहिए? "

ए] विट्रिफाइड

बी] शैलैक

सी] सिलिकेट

<u>डी] रेजिनॉयड' औररबर</u>

66] सतह पीसने में सामान्य प्रयोजन सतह पीसने के लिए पीसने वाले पहिये के अनाज के आकार की उपयुक्त सीमा क्या है?

ए] 20 से 36

<u>बी] 46 से 60</u>

सी] 80 से 120

डी] 150 से 300

67] भारतीय मानक के अनुसार, अनाज '46'। «w] के समूह के अंतर्गत आता है -----

ए] मोटे

<u>बी] मध्यम</u>

सी] ठीक

डी] बहुत बढ़िया

68] ग्राइंडिंग व्हील में प्रयुक्त अपघर्षक का ग्रिट आकार आमतौर पर ---------- द्वारा निर्दिष्ट किया जाता है

ए] कठोरता संख्या

बी] पहिया का आकार

सी] घर्षण की कोमलता या कठोरता

डी] मेषसंख्या

69] बेंच ग्राइंडर का प्रयोग किसके लिए किया जाता है?

ए] हैवी ड्यूटी वर्क

बी] भारी और हल्का कर्तव्य कार्य

सी] लाइटड्यूटीवर्क

डी] झाग का काम

70] बेंच ग्राइंडर a . पर लगे होते हैं

ए] बेस

बी] टेबल]

सी] व्हील गार्ड

डी] कन्वेयर

ड्रिलिंगऔरड्रिलचक

drilling drilling machine

71] टेंपर शैंक ड्रिल मशीन पर किसके माध्यम से आयोजित की जाती है...

ए] चक्स

बी] आस्तीन

सी] बहाव

डी] वाइस

72] ड्रिल चक को ड्रिलिंग मशीन स्पिंडल पर एक के माध्यम से फिट किया जाता है...

ए] घुमावदार अंगूठी

बी] आर्बोर

सी] बहाव

डी] पिनियन और कुंजी

73] अभ्यास पर प्रदान किया गया मोर्स टेपर के बीच होता है

ए] एमटी 1 सेएमटी 5

बी] मीट्रिक टन 1 से मीट्रिक टन 4

सी] एमटी 0 से एमटी 5

डी] एमटी 0 से एमटी 4

74] एक बहाव के लिए प्रयोग किया जाता है...

ए] एक ड्रिल स्थान बनाना

बी] मशीन स्पिंडल पर चक फिक्सिंग

C] टूटी हुई ड्रिल को काम से हटाना

डी] मशीनस्पिंडलसेड्रिलकोहटाना

75] जब ड्रिल का टेंपर शैंक मशीन स्पिंडल से बड़ा होता है, तो ड्रिल को होल्ड करने का उपकरण एक...

ए] ड्रिल आस्तीन

बी] टेपरसॉकेट

सी] ड्रिल बहाव

डी] चक और कुंजी

76] एक ड्रिलिंग मशीन में माइल्ड स्टील की ड्रिलिंग के लिए उपयुक्त कटिंग फ्लुइड है...

ए] सिंथेटिक घुलनशील तेल

बी] साफ तेल

सी] आसुत जल

डी] घुलनशीलतेल

77] रेडियल ड्रिलिंग मशीन की एक विशेष विशेषता है

ए] इसका उपयोग एचएसएस के साथ ड्रिलिंग के लिए किया जा सकता है] ड्रिल

बी] तालिका को किसी भी स्थिति में स्थानांतरित और सेट किया जा सकता है

सी] विभिन्न प्रकार की गति उपलब्ध है

डी] धुरीकोकिसीभीस्थितिमेंलायाजासकताहै

78] अभ्यास का बिंदु कोण निर्भर करता है

ए] ड्रिल का आकार

बी] मशीन का प्रकार

सी] कामकीसामग्री

डी] ड्रिल का आरपीएम

79] एक मानक ड्रिल के लिए बिंदु कोण है

ए] 60◦

बी] 108◦

सी] 118◦

डी] 135◦

80] पेचदार कोण निर्धारित करता है

ए] कटिंग एंगल

बी] कोण चबाना

सी] रेककोण

डी] होंठ कोण

81] ड्रिल का निकासी कोण के बीच है

ए] 3◦ से 5◦

बी] 8◦ से 12◦

सी] 12◦ से 20◦

डी] 15◦ से 20◦

82] एक दूरस्थ स्थान में (बिजली उपलब्ध नहीं है) एक रेल ट्रैक को ड्रिल किया जाना है] सही ड्रिलिंग मशीन चुनें

ए] रेडियल ड्रिलिंग मशीन

बी] स्तंभ ड्रिलिंग मशीन

सी] शाफ़्टड्रिलिंगमशीन

डी] संवेदनशील ड्रिलिंग मशीन

83] एक बढ़ई द्वारा कैबिनेट बनाने के लिए उपयोग की जाने वाली ड्रिलिंग मशीन है a

ए] शाफ़्ट ड्रिलिंग मशीन

बी] रेडियल ड्रिलिंग मशीन

सी] ब्रेस्टड्रिलिंगमशीन

डी] संवेदनशील ड्रिलिंग मशीन

84] निम्नलिखित में से कौन सी ड्रिलिंग मशीन का उपयोग ड्रिलिंग छेद के लिए किया जाता है जहां बिजली उपलब्ध नहीं है?

ए] बेंच ड्रिलिंग मशीन

बी] स्तंभ ड्रिलिंग मशीन

सी] रीडायल ड्रिलिंग मशीन

डी] शाफ़्टड्रिलिंगमशीन

85] निम्नलिखित में से कौन सी ड्रिलिंग मशीन भारी शुल्क के काम के लिए प्रयोग की जाती है?

ए] बेंच ड्रिलिंग मशीन

बी] स्तंभ ड्रिलिंग मशीन

सी] रेडियलड्रिलिंगमशीन

डी] इलेक्ट्रिक हैंड ड्रिलिंग मशीन

86] ड्रिल चक को मशीन स्पिंडल पर किस माध्यम से रखा जाता है?

ए] आर्बर

बी] बहाव

सी] ड्रा-इन बार

डी] चक अखरोट

87] एक संवेदनशील बेंच ड्रिलिंग मशीन में विभिन्न गतियां प्राप्त की जाती हैं ----

ए] बेल्टचरखीतंत्र

बी] हाइड्रोलिक तंत्र

सी] रैक और पिनियन तंत्र

डी] कैम और अनुयायी तंत्र

टैपकरेंऔरमरें

88] M10 x 15 के लिए टैपिंग ड्रिल का आकार ---------- है

ए] 8.2

बी] 8.3

सी] 8.4

डी] 8.5

89] M10XI.S के स्क्रू के लिए एक नट बनाना है] ड्रिल किए गए छेद का आकार क्या होना चाहिए?

ए] 8-5 मिमी

बी] 9.0 मिमी

सी] 9.5 मिमी

डी] 10.0 मिमी

90] टैप को पीसकर फिर से तेज किया जाता है

ए] बांसुरी

बी] धागे

सी] व्यास

डी] राहत

91] चौड़ाई एमएस टैप टेप करने के लिए किस आकार की ड्रिल का उपयोग किया जाता है?

ए] 4.5 मिमी

बी] 4.0 मिमी

सी] 0.38 मिमी

डी] 0.35 मिमी

92] निम्नलिखित में से किसका उपयोग हाथ से धागे के रूप को संचालित करने के लिए किया जाता है?

नल

बी] थ्रेडिंग टूल

सी] थ्रेडिंग चेज़र

डी] इत्तला दे दी उपकरण

tap and die Tap Die

93] हैंड टैपिंग ऑपरेशन में, उपयोग किए जाने वाले नलों की संख्या ----

ए] 2

बी] 3

सी] 4

डी] 5

94] एक छेद में 100% नल पाने के लिए छेद का आकार बराबर होना चाहिए ----

ए] नलकाछोटाव्यास

बी] नल का मध्यवर्ती व्यास

सी] नल का प्रमुख व्यास

डी] इनमें से कोई नहीं

95] एक डाई जिसमें एक स्ट्रोक में प्रति एक से अधिक कटिंग ऑपरेशन बनते हैं

ए] पियर्सिंग डाई

बी] प्रोग्रेसिव डाई

C] कॉम्बिनेशन डाई

डी] कंपाउंड डाई

96] एक डाई जिसमें प्रति स्ट्रोक कटिंग और नॉन कटिंग ऑपरेशन किए जाते हैं।

ए] पियर्सिंग डाई

बी] प्रोग्रेसिव डाई

C] कॉम्बिनेशन डाई

डी] कंपाउंड डाई

97] एक डाई जिसमें दो या दो से अधिक स्टेशनों पर दो या दो से अधिक अनुक्रमिक संचालन काम पर किए जाते हैं।

ए] पियर्सिंग डाई

बी] प्रोग्रेसिव डाई

C] कॉम्बिनेशन डाई

डी] कंपाउंड डाई

98] एक डाई जिसमें पंच और डाई के आकार को धातु में कम या बिना धातु के प्रवाह के सीधे पुन: पेश किया जाता है।

ए] प्रोग्रेसिव डाई

बी] संयोजन मरो

C] कंपाउंड डाई

डी] मरने का गठन

99] किसी भी आकार के छेद बनाने के लिए इस्तेमाल किया जाने वाला डाई।

ए] पियर्सिंग डाई

बी] प्रोग्रेसिव डाई

C] कॉम्बिनेशन डाई

डी] कंपाउंड डाई

100] एक छोटा रिएमर जिसमें एक आर्बर या मैंड्रेल के साथ प्रयोग किया जाता है एक अक्षीय छेद के साथ ------- कहा जाता है

ए] समानांतर रीमर

बी] एडजस्टेबल रीमर

C] एक्सपेंशन रीमर

डी] चकिंगरीमर

reamer 1 Reamers

101] निम्नलिखित में से किस मशीन रीमर का उपयोग रीमर एक्सिस और वर्क एक्सिस के बीच मिसलिग्न्मेंट को ठीक करने के लिए किया जाता है?

ए] फ्लोटिंगब्लेडरीमर

बी] मशीन जिग रीमर]

सी] शैल रीमर

डी] चकिंग रीमर

वर्नियरहाइटगेज

102] मीट्रिक प्रणाली में वर्नियर हाइट गेज की न्यूनतम गणना है

ए] 0.05 मिमी

बी] 0.1 मिमी

सी] <u>0.02 मिमी</u>

डी] 0.001 मिमी

vernier height gauge 1 Vernier Height Gauge

103] ब्रिटिश प्रणाली में वर्नियर हाइट गेज की न्यूनतम संख्या है

ए] 0.05"

बी] <u>0.001"</u>

सी] 0.002"

डी] 1"

104] अंकन उद्देश्यों के लिए, एक वर्नियर ऊंचाई गेज का उपयोग किया जाना चाहिए

ए] मशीन टूल का बिस्तर

बी] <u>सतहप्लेट</u>

सी] स्क्वायर ब्लॉक

डी] कोई भी सपाट सतह

105] वर्नियर हाइट गेज की रीडिंग a . के समान होती है

ए] <u>वर्नियरकैलिपर</u>

बी] गहराई माइक्रोमीटर

सी] डायल टेस्ट इंडिकेटर

डी] गेज

106] वर्नियर हाइट गेज के बीम पर स्लाइड करने वाले भाग को a . के रूप में जाना जाता है

ए] आधार

बी] बीम स्केल

सी] लेखक

डी] <u>वर्नियरस्लाइड</u>

107] वर्नियर हाइट गेज का आकार किसके द्वारा निर्दिष्ट किया जाता है?

ए] वर्नियर स्केल की ऊंचाई

बी] <u>बीमकीऊंचाई</u>

सी] बीम की चौड़ाई

डी] आधार का आकार

108] वर्नियर हाइट गेज का आधार सामान्यतः किसका बना होता है?

ए] कच्चा लोहा

बी] <u>स्टील</u>

सी] एल्यूमीनियम मिश्र धातु

डी] टंगस्टन कार्बाइड

<u>सीमाएंऔरफिट</u>

109] सीमा और फिट की बीआईएस प्रणाली में, सहिष्णुता के ग्रेड को संख्या प्रतीकों द्वारा दर्शाया जाता है और ---------- i होते हैं।

ए] सहिष्णुता के 14 ग्रेड

बी] सहिष्णुता के 16 ग्रेड

<u>सी] सहिष्णुताके 18 ग्रेड '</u>

डी] सहिष्णुता के 20 ग्रेड

limit fit
tolerance

limit fit tolarance 1

110] एक उत्पाद को गुणवत्ता वाला कहा जाता है जब

ए] इसका आकार और आयाम सीमा के भीतर हैं

<u>बी] यहउपयोगकेलिएउपयुक्तहै</u>

सी] यह बहुत अच्छा प्रतीत होता है

डी] सामग्री का चुनाव सही है

111] होल'30 +0..021, 0.000 और शाफ्ट 30 -0.110, 0.143 के बीच आवश्यक अधिकतम निकासी है।

ए] 0.110 मिमी '

बी.0.131 मिमी

<u>सी] 0.164 मिमी</u>

डी] 0.143 मिमी

112] एक ड्राइंग में एक आयाम 25 .1002 मिमी बताया गया है] सहनशीलता क्या है?

ए] +0.02 मिमी'

<u>बी] +0.04 मिमी</u>

सी] -0.02 मिमी

डी] 25.00 मिमी

113] एक छेद में एक पिन लगाया जाता है] पिन का सहिष्णुता क्षेत्र पूरी तरह से छेद के ऊपर होता है] प्राप्त फिट होगा?

ए] क्लीयरेंस फिट

बी] संक्रमण फिट

सी] हस्तक्षेपफिट

डी] रनिंग फिट

114] भाग के आकार को सहनशीलता दी जाती है

ए] आवश्यकअनुमेयआकारत्रुटिकेभीतरभागकाउत्पादन

बी] उत्पादन बढ़ाएँ

सी] उत्पादन घटाएं

डी] घटकों को लगभग समाप्त करें

115] निम्नलिखित में से कौन सा क्लीयरेंस संपूर्ण बुनियादी प्रणाली के अंतर्गत उपयुक्त है?

ए] 20 एच7/पी6'

बी] 2067/211

सी] ज़ोग / जीएल

डी] 20 एच / जी 11

116] बीआईएस प्रणाली के अनुसार फिट के तीन वर्ग हैं:

ए] क्लीयरेंसफिट, इंटरफेरेंसफिटऔरट्रांजिशनफिट

बी] मध्यम फिट, पुश फिट और टाइट फिट

सी] फ्लैट फिट, गोल फिट और स्क्वायर फिट

डी] 'स्लाइडिंग फिट', लूज फिट और सिकुड़न फिट

117] निम्नलिखित सहिष्णुता विनिर्देशों में से किस एक का अधिकतम आयाम 20 मिमी से कम है?

ए] 20 +0.2,-0.3

बी] 20 320.2

सी] 20 -0.2, 0.3 ई

डीएम 20 +500, ~03

118] अधिकतम और न्यूनतम सीमा के बीच अंतर है -----------------------

ए] एकल मुखबिर

बी] मूल शाफ्ट

सी] निकासी

<u>डी] सहिष्णुता</u>

119] झाड़ी में स्वतंत्र रूप से चलने वाला 55 शाफ्ट फिट के प्रकार का होता है

ए] क्लीयरेंस फिट

बी] ड्राइविंग प्लेट

<u>सी] संकोचनफिट</u>

डी] उपरोक्त में से कोई नहीं

vernier calliper 1 Vernier Caliper 1

120] वर्नियर कैलिपर की सबसे छोटी संख्या है (मुख्य पैमाना = 49 डिवीजन, वर्नियर स्केल = 50 डिवीजन]

ए] 0.1 मिमी

बी] 0.01 मिमी

सी] 0.001 मिमी

<u>डी] 0.02 मिमी</u>

121] वर्नियर कैलिपर का उपयोग करके किए गए माप का प्रकार है------

ए] प्रत्यक्ष माप

<u>बी] अप्रत्यक्षमाप</u>

सी] 90"] (ए) 81 (बी]

डी] इनमें से कोई नहीं

<u>माइक्रोमीटरकेबाहर</u>

122] एक मीट्रिक माइक्रोमीटर में, थिम्बल अग्रिमों की एक पूर्ण क्रांति -----------

ए] 0.01 मिमी

बी] 0.25 मिमी

<u>सी] 0.50 मिमी</u>

डी] 1.00 मिमी

	Out Side
micrometer	Micrometer

123] माइक्रोमीटर में शाफ़्ट स्टॉप ------------ में मदद करता है

<u>ए] दबावकोनियंत्रितकरें</u>

बी] स्पिंडल को लॉक करें

सी] शून्य त्रुटि समायोजित करें

डी] काम के टुकड़े को पकड़ो

124] 1000 माइक्रोन मतलब ------------

<u>ए] 1 मिमी</u>

बी] 1 एम

सी] 1000 मिमी

डी] 10 सेमी

125] माइक्रोमीटर के बाहर 50-75 मिमी की शून्य रीडिंग क्या है?

ए] 0.000 मिमी

बी] 0.01 मिमी

सी] 25.00 मिमी

<u>डी] 50.00 मिमी</u>

126] माइक्रोमीटर के बाहर एक मीट्रिक की आस्तीन पर सबसे छोटे विभाजन का मान है -----

<u>ए] 0.50 मिमी</u>

बी] 1.00 मिमी

सी] 1.50 मिमी

डी] 2.00 मिमी

127] माइक्रोमीटर में शाफ़्ट स्टॉप ---------- में मदद करता है

<u>ए] दबावकोनियंत्रितकरें</u>

बी] स्पिंडल को लॉक करें

सी] शून्य त्रुटि समायोजित करें

डी] काम के टुकड़े को पकड़ो

128} डायल टेस्ट इंडिकेटर के उपयोग ---------- हैं

ए] समांतरता और समतलता के लिए समतल सतह की जांच करने के लिए

बी] शाफ्ट और बार के सीधेपन की जांच करने के लिए

सी] छेद और शाफ्ट की एकाग्रता की जांच करने के लिए

डी] उपरोक्तसभी

129] डायल परीक्षण संकेतक दर्शाता है कि माप -------- के रूप में

ए] एकबिंदुकेमाध्यमसेआवर्धितछोटीभिन्नताआकारहै

बी] 5 मिमी . के शीर्ष चरणों के बीच का अंतर

सी] घटक का वास्तविक आकार

डी] आयाम का सीधा पठन

130] उस उपकरण का नाम बताइए जो छोटे बदलाव को मापता है आकार मापा जाता है]

ए] वर्नियर कैलिपर

बी] माइक्रोमीटर

सी] डायलइंडिकेटर

डी] स्टील नियम

131] एचएसएस के साथ एल्यूमीनियम के लिए काटने की गति] उपकरण है

ए.] 30 मीटर/मिनट

बी.] 50 मीटर/मिनट

सी.] 70 मीटर/मिनट

डी.] 130 मीटर/मिनट

132] एचएसएस के साथ पीतल के लिए काटने की गति] उपकरण है

ए.] 10 मीटर/मिनट

बी.] 25 मीटर/मिनट

सी.] 70 मीटर/मिनट

डी.] 140 मीटर/मिनट

133] एम24 x 3 मिमी आंतरिक धागे के लिए कट की गहराई है

ए] 0.5412 x 3

बी] 0.6134 x 3

सी] 0.5 x 3

डी] 0.7 x 3

thread screw threads

134] 24 x 3 मिमी आंतरिक एक्मे धागे काटने के लिए, नौकरी का मुख्य व्यास है
ए] 20.00 मिमी
बी] 21.66 मिमी
सी] 21.00 मिमी
डी] <u>20.60 मिमी</u>
135] मीट्रिक स्क्वायर थ्रेडिंग के लिए कट की गहराई है
ए] 0.6 एक्स पी
बी] <u>0.5 एक्सपी</u>
सी] 0.5412 एक्स पी
डी] 0.6412 एक्स पी
136] बट्रेस धागे को काटने के लिए, कट की गहराई है
ए] 0.5412 एक्स पी
बी] <u>0.6 एक्सपी</u>
सी] 0.7 एक्स पी
डी] 0.75 एक्स पी

<u>खरादकेप्रकार</u>

137] निर्माण के अनुसार लेथ कितने प्रकार के होते हैं?
दो
बी] तीन
<u>सी] चार</u>
डी] पांच
138] सेंटर लेथ कितने प्रकार के होते हैं?
दो
बी] तीन
सी] चार
<u>डी] पांच</u>
139] खराद कितने प्रकार का उत्पादन करता है?

ए] <u>दो</u>
बी] तीन
सी] चार
डी] पांच
140] रोलर लेथ किस प्रकार का खराद है?
ए] बेंच खराद
<u>बी] विशेषखराद</u>
सी] उत्पादन खराद
डी] केंद्र खराद
141] बड़े पैमाने पर उत्पादन के लिए किस मशीन का उपयोग किया जाता है?
ए] केंद्र खराद
<u>बी] उत्पादनखराद</u>
सी] विशेष खराद
डी] इंजन खराद

lathe lathe machine

142] अधिक सटीक कार्य के लिए किस खराद का प्रयोग किया जाता है?
ए] केंद्र खराद
बी] विशेष खराद
सी] उत्पादन खराद
<u>डी] टूलरूमलेथ</u>
143] टूल रूम लेथ की सटीकता कॉम्पीर सेंटर लेथ से है।]
(एक कम
<u>(बी) अधिक</u>
(सी) बहुत कम
(डी) समान
144] लोकोमोटिव में एक्सल के साथ असेंबल व्हील खराद को चालू कर रहा है
(ए) केंद्र खराद

(बी) टूल रूम लेथ

<u>(सी) व्हील लेथ</u>

(डी) गैप बेड लेथ

145] ढलवां लोहे का उपयोग मशीन बेड बनाने के लिए किया जाता है क्योंकि -------

<u>ए] यहअधिकसंपीड़नतनावकाविरोधकरसकताहै</u>

बी] यह वजन में भारी है

C] यह सस्ती धातु है

D] यह एक भंगुर धातु है

146] निम्न में से कौन सा ऑपरेशन सेंटर लेथ पर नहीं किया जा सकता है?]

ए] टर्निंग

बी] धागा काटना

<u>सी] गियरकाटना</u>

डी] टेपर टर्निंग

147] एक ठोस उपकरण का अत्याधुनिक उपकरण का बना होता है

ए] <u>कार्बनस्टील</u>

बी] हल्के स्टील

सी] सुपर हाई स्पीड स्टील

डी] स्टेलाइट

148] सीमेंटेड कार्बाइड थ्रेडिंग टूल का सिरा है

ए] <u>ब्रेज्ड</u>

बी] वेल्डेड

सी] मिलाप

D] टांग से जकड़ा हुआ

149] उपकरण काम की सतहों के खिलाफ रगड़ेगा और जब काटने की शक्ति बढ़ जाती है..

ए] निकासी कोण अधिक है

बी] <u>निकासीपरीकमहै</u>

सी] रेक कोण अधिक है

D] रेक कोण कम होता है

150] काटते समय चिप का निर्माण किस पर आधारित होता है?...

A] <u>टूलकारेकएंगल</u>

बी] उपकरण का निकासी कोण

C] टूल का वेज एंगल

डी] टूल का क्लीयरेंस और वेज एंगल

151] निम्नलिखित में से कौन सा फ्रंट क्लीयरेंस एंजेल है?

ए] फ्रंटक्लीयरेंसएंगल

बी] कील कोण

सी] कोण काटना

डी] बैक रेक एंगल

tool angle

hand tools

152] जब काटने का उपकरण अपनी क्रिया शुरू करता है और इस स्थिति में काटने की शक्ति में वृद्धि होती है तो उपकरण का प्रभाव क्या होता है ..?

ए] उपकरण का निकासी कोण अधिक है

बी] उपकरणकानिकासीकोणकमहै

C] टूल का रेक एंगल कम होता है

D] टूल का रेक एंगल ज्यादा होता है

153] टूल के लिए रेक एंगल का उद्देश्य है?

ए] मानसिकचिप्सकेलिएसहीदिशा

बी] काम पर अच्छा परिष्करण

सी] उपकरण के जीवन को बढ़ाने के लिए

डी] नौकरी और उपकरण के बीच घर्षण से बचने के लिए

154] कटिंग टूल के लिए क्लीयरेंस एंगल प्रदान करने का उद्देश्य है?

ए] धातु काटने वाले चिप्स की सही दिशा के लिए

बी] नौकरी के हिट होने पर घर्षण को कम करें

सी] नौकरीघर्षणकेऋषिकेलिए

डी] काम पर बेहतर परिष्करण के लिए

155] यदि काटने के उपकरण ऊपरी केंद्र की ऊंचाई निर्धारित करते हैं तो क्या होता है?

ए] शीर्षरेककोणबढ़ाएं

बी] कम शीर्ष रेक कोण

सी] शीर्ष रेक कोण पर कोई प्रभाव नहीं

डी] निकासी कोण बढ़ाएँ

156] यदि कटिंग टूल सेटिंग को केंद्र की ऊंचाई से कम किया जाए तो क्या होगा?

ए] शीर्ष रेक कोण बढ़ाएं

बी] शीर्षरेककोणघटाएं

सी] रेक पर कोई प्रभाव नहीं

डी] निकासी कोण घटाएं

157] अगर काटने का उपकरण नौकरी के केंद्र को परेशान कर रहा है?

ए] फ्रंट क्लीयरेंस एंगल बढ़ाएं

बी] फ्रंटक्लीयरेंसएंगलघटाएं

सी] सामने निकासी कोण पर कोई प्रभाव नहीं

डी] उनमें से कोई नहीं

158] यदि कटिंग टूल डाउन सेटिंग ऑफ़ जॉब है?

ए] फ्रंटक्लीयरेंसएंगलबढ़ाहुआहै

बी] सामने निकासी कोण कम हो गया है

सी] निकासी कोण पर कोई प्रभाव नहीं

डी] उनमें से कोई नहीं

159] टूल के लिए जीरो रेक एंगल दें?

ए] उपकरण के घर्षण से बचने के लिए

बी] उपकरणजीवनकोबढ़ानेकेलिए

C] सीधे टूल को बढ़ाने के लिए

डी] काम पर बेहतर परिष्करण के लिए

160] कार्बाइड टिप टूल के लिए कठोर सामग्री को चालू करने के लिए ...... आवश्यक है?

ए] साइड रेक कोण

बी] शून्य रेक कोण

सी] सकारात्मक रेक कोण

D] ऋणात्मकरेककोण

161] काटने के उपकरण की धार को तोड़ने के लिए नहीं...?

ए] फ़ीड वृद्धि

बी] काटने की गति कम हुई

सी] नाक की लंबाई कम हो जाती है

D] ऋणात्मकरेककोणकाप्रयोगकरें

162] एक टूल में चिप ब्रेकर दिया जाता है

ए] 'यह चिप्स को छोटे टुकड़ों में तोड़ देता है'

B] लॉन्ग कट से निरंतर प्रकार के चिप्स प्राप्त करने के लिए

सी] कुचल चिप्स के लिए]

163] स्टेप टाइप चिप ब्रेकर एक है

ए] जिसमें एक छोटा नाली काटने वाले किनारे के पीछे जमीन है

बी] जिसमें एक कदम आईएस उपकरण के चेहरे पर अत्याधुनिक के साथ जमीन पर है

सी] जिसमें एक पतली कार्बाइड प्लेट या क्लैंप उपकरण के चेहरे पर ब्रेज़्ड या खराब हो जाता है]

lathe chuck Lathe Chuck

164] खराद चक माउंट करने के लिए

ए] इसे हाथ से शुरू करें और फिर बिजली चालू करें

बी] इसे शक्ति द्वारा माउंट करें

सी] इसेहाथसेमाउंटकरें

D] हथौड़े की सहायता से इसे माउंट करें

165] वर्नियर बेवल प्रोट्रैक्टर की न्यूनतम संख्या है...

ए] 1"

बी] 5'

सी] 1◦

डी] 5

166] वर्नियर बेवल प्रोट्रैक्टर का वह भाग जो आमतौर पर कोणों को मापने के लिए संदर्भ आधार के रूप में उपयोग किया जाता है...

एक ब्लेड

बी] स्टॉक

सी] डिस्क

सी] मुख्य पैमाने

vernier bevel protractor 1 — Vernier Bevel Protractor

167] वर्नियर बेवल रक्षक का वह भाग जिस पर मुख्य पैमाने पर विभाजन अंकित होते हैं...

स्टॉक

बी] डायल

सी] <u>डिस्क</u>

डी] समायोज्य ब्लेड

168] बेवल प्रोट्रैक्टर का वह भाग, जो मापते समय झुकी हुई सतह के संपर्क में आता है, वह है...

ए] <u>ब्लेड</u>

बी] स्टॉक

सी] डिस्क

डी] डायल

169] वर्नियर बेवल प्रोट्रैक्टर के मुख्य पैमाने के प्रत्येक भाग का मान है...

ए] 5'

बी] <u>1◦</u>

सी] 5◦

डी.10◦

170] बेवल प्रोट्रैक्टर के वर्नियर स्केल के प्रत्येक भाग का मान है...

ए] 1◦

बी] 1◦5'

सी] <u>1◦55'</u>

डी.5'

171] वर्नियर बेवल प्रोट्रैक्टर का वह भाग जिस पर मुख्य पैमाने पर विभाजन अंकित होते हैं

स्टॉक

<u>बी डायल</u>

सी डिस्क

डी समायोज्य ब्लेड

172] वर्नियर में बेवल प्रोट्रैक्टर को मापने के लिए डिज़ाइन किया गया है?

ए] तीव्र कोण

बी] अधिक कोण

सी] तीव्रऔरअधिककोण

डी] लाइनर आयाम

173] वर्नियर बेवल प्रोट्रैक्टर में 5 की कम से कम गिनती प्राप्त करने के लिए 23 डिग्री मुख्य पैमाने को -.. में विभाजित किया गया है।

A] वर्नियरस्केलपर 12 बराबरभाग

B] वर्नियर स्केल पर 22 बराबर भाग

C] वर्नियर स्केल पर 24 बराबर भाग

D] वर्नियर स्केल पर 25 बराबर भाग

174] सॉकेट स्क्रू हेड को समायोजित करने के लिए एक छेद के सिरे को बड़ा करने की प्रक्रिया है...

ए] रीमिंग

बी] स्पॉट फेसिंग

सी] काउंटरबोरिंग

डी] काउंटर सिंकिंग

175. किसी दिए गए व्यास को उबाऊ करने के लिए एक उबाऊ उपकरण का चयन करते समय, चुनें

ए] एक लंबा उपकरण

बी] एक छोटा उपकरण

सी] एक लंबा और मोटा उपकरण

डी] एकछोटाऔरमोटाउपकरण

176] बोरिंग टूल के कटिंग एज को एक छोटे से छेद के लिए सेट किया जाना चाहिए ताकि वह

ए] केंद्र से 0.5 मिमी ऊपर

बी] केंद्र के नीचे 0.5 मिमी

सी] केंद्र से 1 मिमी ऊपर

डी] सटीककेंद्रमें

177] ऊबड़-खाबड़ छेदों को का उपयोग करके चम्फर किया जाना है

ए] एक ड्रिल

बी] त्रिकोणीय खुरचनी

सी] एकक्रैंकबोरिंगटूल

डी] एक फ्लैट फ़ाइल

178] गहरे छेदों को खोदने के लिए इस्तेमाल किया जाने वाला उपकरण है a

ए] आस्तीन

बी] ड्रिल

सी] बोरिंग बार

डी] ऑगरबिट

179] रफ बोरिंग के लिए कटिंग स्पीड है

ए] किसीनकिसीमोड़केसमान

बी] ड्रिलिंग के समान

सी] नूरलिंग के समान

डी] धागा काटने के समान

180] नूरलिंग ऑपरेशन किया जाता है

ए] धुरी गति मोड़ना

बी] उच्च धुरी गति

सी] 1/3 टर्निंगस्पिंडलस्पीड

डी] 1/2 टर्निंग स्पिंडल स्पीड

181] नूरलिंग किसका ऑपरेशन है?

ए] बाल काटना

बी] गठन

सी] मोड़

डी] दबाने

182] मोर्स टेंपर का टेंपर रेश्यो है

ए] 10 में 1

बी] 15 में 1

सी] 20 में 1

डी] 25 में 1

183] मोर्स स्टैण्डर्ड टेंपर में उपलब्ध है

ए] 16 संख्या

बी] 12 नंबर

सी] 10 नंबर

डी] 8 नंबर

184] टेलस्टॉक विधि को ऑफसेट करके टेपर टर्निंग का उत्पादन किया जा सकता है

ए] एक आंतरिक टेपर

बी] एक आंतरिक टेपर धागा

सी] एकबाहरीटेपर

डी] बाहरी और आंतरिक दोनों टेपर

taper turning attachment Taper Turning Attachment

185] टेपर टर्निंग अटैचमेंट का उपयोग करके, टेपर को तक के सेटिंग कोण के साथ घुमाया जा सकता है

ए] 10◦

बी] 15◦

सी] 20◦

डी] 30◦

186] एक टेपर की सटीकता की जांच आमतौर पर किसके द्‌वारा की जाती है।

ए] टेपरगेज

बी] गेज ब्लॉक

सी] संकेतक और ऊंचाई गेज

डी] 'वी' ब्लॉक

187] कंपाउंड रेस्ट मेथड द्‌वारा टेंपर्स को मोड़ने में पूरी तरह से के साथ काम करना शामिल है

ए] दशमलव माप

बी] भिन्नात्मक माप

सी] मीट्रिक माप

डी] कोणीयमाप]

188] लंबे टेपर उत्पन्न होते हैं

ए] टेपर टर्निंग अटैचमेंट के साथ

बी] यौगिक स्लाइड के साथ

सी] टेलस्टॉकपरसेटकरके

D] क्रॉस स्लाइड को एडजस्ट करके]

189] मुड़े हुए टेपरों की लंबाई की जाँच किसके साथ की जाती है

<u>ए] वर्नियर कैलिपर</u>

बी] माइक्रोमीटर

सी] कॉलपर के अंदर

डी] डायल टेस्ट इंडिकेटर]

190] कॉम] पाउंड स्लाइड का उपयोग करके टेपर टर्निंग के नुकसान हैं

ए] केवल लंबे टेपर चालू किए जा सकते हैं

बी] केवल बहुत बड़े टेपर को चालू किया जा सकता है

सी] फ़ीड में केवल मैनुअल संभव है

<u>डी] कंपाउंड स्लाइड के प्रतिबंधों के कारण केवल छोटे टेपर चालू किए जा सकते हैं]</u>

191] बाहरी टेपर की जाँच की जाती है

ए] प्लग गेज सीमित करें

<u>बी] टेपर रिंग गेज</u>

सी टेपर प्लग गेज

डी] थ्रेड प्लग गेज]

192] खराद को चालू करने वाले टेपर का उपयोग होता है ----

ए] इकट्ठे भागों में ड्राइव संचारित करने में सहायता

बी] विधानसभा और भागों के जुदा करने के लिए प्रयुक्त

सी] इकट्ठे भागों में आत्म संरेखण दें

193] छोटी लंबाई के टेपर के उत्पादन के बड़े पैमाने पर उत्पादन में किस प्रकार की विधि का उपयोग किया जाता है?

<u>ए] फॉर्मटूल</u>

बी] यौगिक स्लाइड

सी] टेलस्टॉक ऑफसेट।

डी] टेपर टर्निंग अटैचमेंट

194] मोर्स स्टैण्डर्ड टेंपर अंतरराष्ट्रीय स्तर पर स्वीकृत मानक टेंपर में से एक है, जो ----- से संख्या में उपलब्ध है।

A.1to7

बी.1 से 8

<u>सी] ओसे 7</u>

डी] 0 से 8

195] स्टीप टेंपर काटने के लिए किस टेपर टर्निंग विधि का उपयोग किया जाता है?

ए] विधि पर सेट करें

बी] टेपर टर्निंग अटैचमेंट

सी] फॉर्म टूल

D] कंपाउंडरेस्टकोघुमाना

196] मोर्स टेपर का प्रयोग निम्न में से किस मशीन के पुर्जों में किया जाता है -...

ए] खराद की धुरी

बी] ड्रिल मशीन की धुरी

सी] रीमर के शैंक्स

डी] येसभी

197] टेपर के बड़े पैमाने पर उत्पादन के लिए निम्नलिखित में से किस विधि का उपयोग किया जाता है]

ए] टेलस्टॉक ऑफसेट विधि

बी] टेपर टर्निंग अटैचमेंट मेथड

C] फॉर्मटूमेथड

डी] कंपाउंड स्लाइड विधि

198] टेपर का बड़ा व्यास 40 मिमी है, छोटा व्यास 30 मिमी है] नौकरी की कुल लंबाई 100 मिमी है जिसे पतला किया जाता है फिर ऑफसेट दिया जाता है -

ए] 5 मिमी

बी] 7.5 मिमी

सी] 12 मिमी

डी] 9 मिमी

साइन बार

sine bar 1 Sine Bar

199] साइन बार का बना होता है

ए] उच्च कार्बन स्टील

बी] उच्च गति स्टील

सी] निकल स्टील

डी] स्थिर क्रोमियम स्टील]

200] साइन बार का उपयोग के लिए किया जाता है

ए] ड्रिलिंग के लिए नौकरी को समतल करना

B] टेपर जॉब का कोण ज्ञात करना

सी] छिद्रों का व्यास मापना

डी] धागे की प्रोफाइल जांच रहा है]

201] साइन बार की लंबाई के बीच की दूरी है

ए] साइन बार के एक छोर से दूसरे छोर तक

बी] साइन बार की विकर्ण क्रॉस लंबाई

सी] रोलर्स के बीच केंद्र से केंद्र

डी] रोलर्स के बीच बाहर से बाहर]

202] साइन बार का आकार इसके द्वारा निर्दिष्ट किया जाता है

भार

बी] चौड़ाई का माप

सी] लंबाई

डी] सेटिंग का अधिकतम कोण]

203. साइन बार के एक सिरे पर स्टॉपर लगाने का उद्देश्य है

ए] आसान हैंडलिंग

बी] नौकरी को फिसलने से रोकना]

सी] पर्ची गेज का समर्थन

डी] सेटिंग करते समय संदर्भ के रूप में उपयोग करना]

204] एक साइन बार उसके शरीर पर समान रूप से चार या पांच छेद के साथ बनाया जाता है] इन छेदों का उद्देश्य है

ए] साइनबारकोआसानीसेसंभालें

बी] पाप बार का वजन कम करें

सी] साइन बार की ऊपरी सतह के विरूपण को रोकें

D] साइन बार को अच्छा लुक दें

205] साइन बार का उपयोग के लिए किया जाता है

ए] छिद्रों के व्यास को मापना '

B] टेपरजॉबकाकोण ज्ञातकरना

सी] ड्रिलिंग के लिए नौकरी को समतल करना

डी] एक थ्रेड की प्रोफाइल चकिंग

206] साइन बार का उपयोग करके कोणों को मापने के लिए स्लिप गेज की ऊंचाई और कोण के अनुपात के अनुसार बनाया गया कोण

ए] साइनबारकीऊंचाई

बी] संख्या पर्ची गेज

सी] साइन बार की लंबाई

डी] साइन बार की चौड़ाई

207] ----------- 1 . की सटीकता के भीतर कोण की जांच के लिए प्रयोग किया जाता है

ए] गेज

<u>बी] साइनबार</u>

सी] मंदिर

डी] टेलीस्कोपिक गेज

208] यदि साइन बार हैं तो संपर्क रोलर्स और डेटाम सतह की केंद्र रेखा

ए] वही लाइन ''

<u>बी] समानांतर</u>

सी] झुका हुआ

डी] लंबवत

209] साइन बार किससे बना होता है।

ए] उच्च कार्बन स्टील

<u>बी] स्थिरक्रोमियमस्टील '</u>

सी] हाई स्पीड स्टील

डी] निकल स्टील

210] एल = 200 मिमी की लंबाई के साथ एक साइन बार का उपयोग वर्क पीस के कोण को सही ढंग से जांचने के लिए किया जाता है] जांचा जाने वाला कोण: 250 स्लिप गेज की ऊंचाई 'एच' की गणना करें?

<u>ए] 84.54 मिमी</u>

बी] 83.52 मिमी

सी] 81.81 मिमी

डी] 85.52 मिमी

211] निम्नलिखित में से कौन सा कथन सही है?'

<u>ए] गेजकाउपयोगआकारकीजांचकेलिएकियाजाताहै</u>

बी] टेम्पलेट का उपयोग आकार को चकनाचूर करने के लिए किया जाता है

सी] गेज का उपयोग आकार मापने के लिए किया जाता है

डी] गेज का उपयोग घटक के आकार की जांच के लिए किया जाता है

212] सेक्शन में गेज को किस मानक तापमान पर रखा जाता है?

ए] 100 सी

<u>बी] 20 डिग्रीसेल्सियस</u>

सी] 100 एफ

डी] 20 डिग्री फारेनहाइट

213] वर्कशॉप में आमतौर पर किस ग्रेड के स्लिप गेज का इस्तेमाल किया जाता है?

ए] ग्रेड 0

बी] ग्रेड एल

सी] ग्रेड एच

<u>डी] ग्रेड 0</u>

<u>पर्चीगेज</u>

214] भारतीय मानकों के अनुसार एक विशेष सेट गेज का उपयोग किया जाता है जिसमें

ए] 81 टुकड़े

<u>बी] 112 टुकड़े</u>

सी] 120 टुकड़े

डी] 130 टुकड़े

slip gauge 1 Slip Gauge

215] संदर्भ गेज की सटीकता है

ए] 0.05 मिमी

बी] 0.01 मिमी

<u>सी] 0.001]</u>

डी] 0.0001 मिमी

216] स्लिप गेज पर चींटी की गड़गड़ाहट के मामले में, इसे हटा दिया जाना चाहिए

ए] भरना

<u>बी] लैपिंग</u>

सी] स्क्रैपिंग

डी] पीस

217] स्लिप गेज की कठोरता कितनी होनी चाहिए?

<u>ए] 63 सेअधिकएचआरसी</u>

बी] 58 एचआरसी

सी] 55 एचआरसी

डी] 50 एचआरसी

218.--------------- 0.01 मिमी की सटीकता के भीतर घटक की जाँच के लिए स्लिप गेज का उपयोग किया जाता है]

<u>ए] कार्यशालागेज</u>

बी] निरीक्षण गेज

सी] संदर्भ गेज

डी] रिंग गेज

219., ------------ का प्रयोग सटीक उपकरण की सटीकता की जांच के लिए किया जाता है]

<u>ए] गेजब्लॉक</u>

बी] फादर गेज

सी] साइन बार

डी] प्लग गेज

220] सटीकता सुनिश्चित करने के लिए उपयोग करने से पहले स्लिप गेज को साफ किया जाता है] इस उद्देश्य के लिए आप किस माध्यम का उपयोग करेंगे।

ए] तेल

बी] पतला

<u>सी] कार्बनटेट्राक्लोराइड / सफेदपेट्रोल</u>

डी] तारपीन का तेल

221। समान घटकों की आयामी सटीकता की जांच करने के लिए, एक डायल परीक्षण संकेतक t 6 आकार के लिए सेट किया गया है और एक तुलनित्र के रूप में उपयोग किया जाता है] डायल परीक्षण संकेतक पर सेट करने के लिए आप क्या उपयोग करेंगे?

ए] डायल टेस्ट इंडिकेटर

बी] टीटर गेज

<u>सी] पर्चीगेज</u>

डी।, सतह गेज

222] साइन बार के बारे में निम्नलिखित में से कौन सा कथन सही नहीं है?

ए] दोनों तरफ रखे टो सटीक रोलर्स का उपयोग करता है

बी] क्रोमियम स्टील से बना है

C] सतह लैप्ड है

<u>डी] छिद्रोंकीकेंद्ररेखाएंशीर्षसतहकीओरझुकीहोंगी</u>

223] स्लिप गेज एक ---------- होता है

<u>ए] आयताकारब्लॉक</u>

बी] स्क्वायर ब्लॉक

सी] क्यूबिक ब्लॉक

डी] बेलनाकार ब्लॉक

224] स्लिप गेज की चौथी श्रृंखला में, सेट 46 पीस में निम्नलिखित में से कौन सी श्रेणी सही है?

ए] 1.0 से 9.0 मिमी।

बी] 1.001 101.009 मिमी

सी] 1.01 से 1.09 मिमी

डी.'1.1' से_-1.9 मिमी

225] स्लिप गेज की 5वीं श्रृंखला में, सेट 46 पीस में निम्नलिखित में से कौन सी श्रेणी सही है -

ए] 100 से 100 मिमी '

बी] 1.001 से 1.009 मिमी

सी] 1.01 से 0.09mrn

डी] 11 से 9 मिमी

226] स्लिप गेज की 2NDS श्रृंखला में, 45 पीस के सेट में निम्नलिखित में से कौन सी श्रेणी सही है-

ए] 1.0 से 9.0 मिमी

बी] 1.001 से 1] 009 मिमी

सी] 1.01 से 1.09 मिमी

डी] 1.1 से 1.9 मिमी

227] स्लिप गेज की तीसरी श्रृंखला में, सेट 46 पीस में निम्नलिखित में से कौन सा रेंज सही है –

ए] 10.0 से 100 मिमी

बी] 1.001 से 1.009 मिमी

सी] 1.01 से 1.09 मिमी

डी] 1.1 से 1.9 मिमी

228] स्लिप गेज की पहली श्रृंखला में, सेट 46 पीस में निम्नलिखित में से कौन सा रेंज सही है -

ए] 0.001 मिमी

बी] 001 मिमी

सी] 0.1 मिमी

डी] 1.0 मिमी

229] स्लिप गेज की दूसरी श्रृंखला में, 46 टुकड़ों के सेट में निम्नलिखित में से कौन सा कदम सही है -

ए] 0.001 मिमी

बी] 0.01 मिमी

सी] 0.1 मिमी

डी] 1-0 मिमी

230] स्लिप गेज की तीसरी श्रृंखला में, सेट 46 पीस में निम्नलिखित में से कौन सा कदम सही है?

ए] 0.001 मिमी

बी] 0.01 मिमी

सी] 0.1 मिमी

डी] 1.0 मिमी

231] एक बीएसडब्ल्यू थ्रेडिंग टूल को के सम्मिलित कोण के साथ ग्राउंड किया जाना है

ए] 55◦

बी] 60◦

सी] 47.5◦

डी] 29◦

232] मीट्रिक 'वी' थ्रेड टूल की नाक त्रिज्या है

ए] 0.144 एक्सपी

बी] 0.25 एक्स पी

सी] 0.414 एक्स पी

डी] 0.0144 एक्स पी

233] मोटे पिचों के बाहरी बाहरी धागों को काटते समय, यह सलाह दी जाती है कि कंपाउंड रेस्ट को पर घुमाया जाए

ए] 45◦

बी] 30◦

सी] 60◦

डी.90◦

234] बीआईएस की गहराई] मीट्रिक धागा है

ए] 0.6403 एक्स पी

बी] 0.6 एक्स पी

सी] 0.6134 एक्सपी

डी] 0.5 एक्स पी

235] थ्रेडिंग टूल्स को 60◦ कोण के लिए सटीकता के लिए a . का उपयोग करके जांचा जाता है

ए] थ्रेड प्लग गेज

बी] केंद्रगेज

सी] पेंच पिच गेज

डी] उपकरण कोण गेज

236] प्रति इंच थ्रेड्स की संख्या की जाँच a . से की जा सकती है

ए] टूल गेज

बी] गिनती द्वारा मीट्रिक नियम

सी] रिंग गेज

डी] पेंचपिचगेज

237] थ्रेडिंग करते समय, गाड़ी को रास्ते में ले जाया जाता है

ए] एक ट्रैक पर एक गियर ट्रेन

बी] फीड रॉड स्पलाइन या की-वे

सी] लीडस्क्रूथ्रेड

डी] हाथ पहिया

238] थ्रेड चेज़र का उपयोग के लिए किया जाता है

ए] धागे का त्वरित उत्पादन

बी] धागेकाएकसटीकरूपबनाएरखना

सी] कठोर सामग्री पर धागे काटना

डी] नरम सामग्री पर धागे काटना

239] थ्रेड चेज़र किससे बने होते हैं?

ए] कार्बन स्टील

बी] उच्च गति स्टील

सी] उपकरणकाइस्तेमालकिया

डी] स्टेनलेस स्टील

240] चेज़र का उपयोग काटने के लिए किया जाता है

ए] 'वी' फॉर्मथ्रेड्सकेवल

बी] केवल चौकोर धागे

सी] केवल एक्मे धागे

डी] धागे का कोई भी रूप

241] एम24 x 3 मिमी पिच आंतरिक धागे काटने के लिए, नौकरी का मुख्य व्यास है

ए] 27.00 मिमी

बी] 24.50 मिमी

सी] 21.00 मिमी

डी] 24.00 मिमी

242] एम24 x 3 मिमी आंतरिक धागे के लिए कट की गहराई है

ए] 0.5412 x 3

बी] 0.6134 x 3

सी] 0.5 x 3

डी] 0.7 x 3

243] 24 x 3 मिमी आंतरिक एक्मे धागे काटने के लिए, नौकरी का मुख्य व्यास है

ए] 20.00 मिमी

बी] 21.66 मिमी

सी] 21.00 मिमी

डी] 20.60 मिमी

244] मीट्रिक स्क्वायर थ्रेडिंग के लिए कट की गहराई है

ए] 0.6 एक्स पी

बी] 0.5 एक्सपी

सी] 0.5412 एक्स पी

डी] 0.6412 एक्स पी

245] बट्रेस धागे को काटने के लिए, कट की गहराई है

ए] 0.5412 एक्स पी

बी] 0.6 एक्सपी

सी] 0.7 एक्स पी

डी] 0.75 एक्स पी

246] एक्मे धागों को काटने के लिए, उपकरण को के सम्मिलित कोण पर रखा जाता है

ए] 60◦

बी] 29◦

सी] 47.5◦

डी] 30◦

247] हाफ-नट लीवर का उपयोग के लिए किया जाता है

ए] गाड़ी पर अनुदैर्ध्य फ़ीड संलग्न करना

बी] क्रॉस-स्लाइड नट में सुस्ती लेना

सी] अनुदैर्ध्य से क्रॉस-फीड में बदलना

डी] धागेकाटना

248] आसन्न धागे (बाहरी धागे) के दोनों किनारों को मिलाने वाली निचली सतह है...

ए] फ्लैंक

बी] रूट

सी] क्रेस्ट

डी] पिच

249] बढ़ई में इस्तेमाल होने वाले धागे का रूप है...

एक वर्ग

बी] एक्मे धागा

सी] सॉवोथथ्रेड

डी] अंगुली धागा

250] पाइप के धागे का कोण क्या है?

ए] 60 डिग्री

बी] 47'/2 डिग्री'

सी] 29 डिग्री

डी] 55 डिग्री

251] पाइप धागे का क्या उपयोग है?

ए] ट्रांसमिशन

बी] दबाव बनाए रखें

सी] वायुरोधी कनेक्शन

डी] उपरोक्त में से कोई नहीं]

252] 2" पाइप धागे की गहराई क्या है?

ए] 0.5"

बी] 0.640"

सी] 0.335"

डी] 0.580"]

253] डाई और कटिंग टूल द्वारा रॉड या पाइप पर दिए जाने वाले बाहरी धागे को कहा जाता है।

(ए) दोहन

(बी) मरना

(सी) थ्रेडिंग

(डी) ग्रूविंग

254] कोण 0f lS धागा (V आकार का) ---------- है

ए] 29 डिग्री

बी] 47 1/4°

सी] 50 डिग्री

डी] 60

255] ln निम्नलिखित में से किस विधि से केवल बाहरी धागे बनाए जाते हैं -------

ए] फॉर्म टूल mEthOd

बी] यौगिक आराम विधि

सी] टेलस्टॉकऑफसेटविधि

डी] टेपर टर्निंग अटैचमेंट मेथड]

256] शिखा और धागे की जड़ को मिलाने वाली सतह को ---- के रूप में जाना जाता है

<u>ए] फ्लैंक</u>

बी] शंकु

सी] पिच सतह

डी] ये सभी

257] एक दो शुरूआती धागे की पिच 4 मिमी है] फिर धागे की सीसा किसके द्वारा दी जाती है -----

ए] 4 मिमी

बी] 2 मिमी

<u>सी] 8 मिमी</u>

डी] 6 मिमी

258] सिंगल पॉइंट कटिंग टूल का उपयोग करके लेड स्क्रू पिच वाले खराद पर 2.5 मिमी के स्क्रू थ्रेड को काटने के लिए आवश्यक गियर अनुपात है ----

<u>ए] 1:2</u>

बी] 2:1

सी] 1:1 मिमी

259] एम24 x 3 मिमी आंतरिक धागे के लिए कट की गहराई है

ए] <u>0.5412 x 3</u>

बी] 0.6134 x 3

सी] 0.5 x 3

डी] 0.7 x 3

260] 24 x 3 मिमी आंतरिक एक्मे धागे को काटने के लिए, कार्य का मुख्य व्यास है

ए] 20.00 मिमी

बी] 21.66 मिमी

सी] 21.00 मिमी

डी] <u>20.60 मिमी</u>

261] मीट्रिक वर्ग थ्रेडिंग के लिए कट की गहराई है

ए] 0.6 एक्स पी

बी] <u>0.5 एक्सपी</u>

सी] 0.5412 एक्स पी

डी] 0.6412 एक्स पी

262] बट्रेस धागे को काटने के लिए, कट की गहराई है

ए] 0.5412 एक्स पी

बी] <u>0.6 एक्सपी</u>

सी] 0.7 एक्स पी

डी] 0.75 एक्स पी

263] खराद के थ्रेडिंग टूल को 60° के कोण पर सटीकता के लिए जांचने के लिए किस गेज का उपयोग किया जाता है?

ए] पेंच पिच गेज

बी] थ्रेड प्लग गेज

सी] केंद्रगेज

डी] थ्रेड रिंग गेज

264] स्लॉटिंग अटैचमेंट कनवर्ट करता है। स्पिंडल की रोटरी गति

ए] लंबवत मिलिंग अटैचमेंट प्रदान किया जाता है

B] किसी भी दिशा में 90x घुमाया जा सकता है

सी] मशीन की बहुमुखी प्रतिभा बढ़ाने के लिए

265] वह कौन सा ऑपरेशन है जो स्लॉटिंग मशीन पर नहीं किया जा सकता है?

ए] कुंजी रास्ता स्लॉटिंग

बी] डोवेलटेल स्लॉटिंग

सी] गियर काटना

डी] धागाकाटना

266] एसेसरीज के साथ स्लॉटर टेबल को कौन सा फीड नहीं दिया जा सकता है

ए] अनुदैर्ध्य

बी] रोटरी

सी] लंबवत

डी] क्रॉस

267] स्लॉटर का आकार उसके अधिकतम द्वारा निर्दिष्ट किया जाता है

ए] टेबल की अनुदैर्ध्य यात्रा

बी] टेबल और राम के बीच की ऊंचाई

सी] टेबल की क्रॉसवाइज यात्रा

डी] रामकेस्ट्रोककीलंबाई

268] उत्तल सतह को स्लॉट करने के लिए, काटने के उपकरण की आवश्यकता होती है

ए] चौकोर नाक उपकरण

बी] गोलनाकउपकरण

सी] कीवे टूल

डी] कॉर्नरिंग टूल

269] उत्तल सतह का उपयोग करके स्लॉट किया जा सकता है

ए] अनुदैर्ध्य फ़ीड

बी] <u>रोटरीफीड</u>
सी] क्रॉस फीड
डी] लंबवत फ़ीड

quick return mechanism 1 slotter machine

270] एक स्लॉटिंग मशीन में त्वरित वापसी तंत्र का उद्देश्य है:
ए] काटने का समय कम करें
बी] तेजी से वापसी स्ट्रोक है
सी] मानक काटने की गति बनाए रखें
डी] <u>तेजीसेनिष्क्रियस्ट्रोकवालेनिष्क्रियसमयकोकमकरें।</u>
271] स्लॉटिंग मशीन का मुख्य फीड शाफ्ट ड्राइव बाई है
ए] बेवल गियर तंत्र
बी <u>] पावलऔरशाफ़्टव्हीलतंत्र</u>
सी] गिलास गियर तंत्र।
डी] कृमि और कृमि गियर तंत्र।
272] वसंत के साथ भरी हुई
ए] सादा या बॉक्स प्रकार उपकरण धारक
बी] विस्तार उपकरण धारक
C] <u>रिलीविंग टाइप टूल होल्डर</u>
डी] घूर्णन उपकरण धारक]
273] सामान्य प्रयोजन के काम के लिए
ए] <u>सादा या बॉक्स प्रकार उपकरण धारक</u>
बी] एक्सटेंशन टूल होल्डर
C] रिलीविंग टाइप टूल होल्डर
डी] घूर्णन उपकरण धारक]
274] 4 पदों पर 90° के लिए अनुक्रमण की अनुमति देता है
ए] सादा या बॉक्स प्रकार उपकरण धारक
बी] एक्सटेंशन टूल होल्डर

C] रिलीविंग टाइप टूल होल्डर

डी] <u>घूर्णन उपकरण धारक</u>]

275] बड़े वृत्त बनाने के लिए

ए] सादा या बॉक्स प्रकार उपकरण धारक

बी] <u>एक्सटेंशन टूल होल्डर</u>

C] रिलीविंग टाइप टूल होल्डर

डी] घूर्णन उपकरण धारक]

276] रिटर्न स्ट्रोक में टूल को हटा देता है]

ए] सादा या बॉक्स प्रकार उपकरण धारक

बी] एक्सटेंशन टूल होल्डर

C] <u>रिलीविंग टाइप टूल होल्डर</u>

डी] घूर्णन उपकरण धारक]

277] अंकन से बचने के लिए तैयार ट्यूबलर सतहों पर उपयोग किया जाता है

ए] स्टिलसन पाइप रिंच

बी] चेन रिंच

सी] <u>पट्टा रिंच</u>

डी] फुट प्रिंट रिंच

278] पाइप और गोल स्टॉक को सीमित टुकड़ों में पकड़ने और मोड़ने के लिए उपयोग किया जाता है

ए] स्टिलसन पाइप रिंच

बी] चेन रिंच

सी] पट्टा रिंच

डी] <u>फुट प्रिंट रिंच</u>

279] बड़े व्यास के पाइप रखने के लिए प्रयुक्त

ए] स्टिलसन पाइप रिंच

बी] <u>चेन रिंच</u>

सी] पट्टा रिंच

डी] फुट प्रिंट रिंच

280] पाइप, ट्यूब और बेलनाकार छड़ को पकड़ने और मोड़ने के लिए प्रयुक्त]

ए] <u>स्टिलसन पाइप रिंच</u>

बी] चेन रिंच

सी] पट्टा रिंच

डी] फुट प्रिंट रिंच

281] किसी भी काटने वाले द्रव का सबसे महत्वपूर्ण गुण है

ए] पायसीकरण

बी] विशिष्ट गर्मी

सी] विशिष्ट गुरुत्व

डी] चिपचिपापन

282] वर्कपीस पर शीतलक का उपयोग करके हम चुन सकते हैं

ए] उच्चकाटनेकीगति

बी] लोअर कटिंग फीड

सी] कम काटने की गति

डी] कटौती की भारी गहराई

283] एक्सट्रीम प्रेशर एडिटिव (ईपीए) को काटने वाले द्रव के साथ मिलाया जाता है ताकि इसकी शक्ति में सुधार किया जा सके।

ए] कूलिंग

बी] स्नेहन

डी] मशीनी सतह का उत्पादन

C] कटिंग जोन की सफाई

284] मशीन टूल्स में लुब्रिकेंट का उपयोग करने का मुख्य उद्देश्य है ------

ए] बनाने वाले हिस्सों को ठंडा करें

बी] मशीन टूल को गर्म होने से रोकें

सी] निकट संपर्क के लिए बनाने वाले हिस्सों को गीला करें

डी] बनानेवालेहिस्सोंकेबीचघर्षणकोकमकरें

मिलिंगमशीनोंकेप्रकार

285] स्पिंडल कार्य तालिका के लंबवत है

ए] क्षैतिज मिलिंग मशीन

बी] लंबवत मिलिंग मशीन

सी] यूनिवर्सल मिलिंग मशीन]

डी] खराद मशीन

286] टेबल को क्षैतिज तल में घुमाया जा सकता है

ए] क्षैतिज मिलिंग मशीन

बी] लंबवत मिलिंग मशीन

सी] यूनिवर्सल मिलिंग मशीन]

डी] खराद मशीन

milling machine milling machine

287] धुरी कार्य तालिका के लिए क्षैतिज है

ए] क्षैतिज मिलिंग मशीन

बी] लंबवत मिलिंग मशीन

सी] यूनिवर्सल मिलिंग मशीन]

डी] खराद मशीन

288] कठोर, मजबूत और भारी काम को समायोजित करने के लिए

ए] क्षैतिज मिलिंग मशीन

बी] लंबवत मिलिंग मशीन

सी] यूनिवर्सल मिलिंग मशीन]

डी] खराद मशीन

289] इस मशीन पर बोरिंग, की-वे कटिंग, प्रोफाइल मिलिंग की जा सकती है

ए] क्षैतिज मिलिंग मशीन

बी] लंबवत मिलिंग मशीन

सी] यूनिवर्सल मिलिंग मशीन]

डी] खराद मशीन

290] इस मशीन पर पेचदार खांचे और गियर मिल सकते हैं।

ए] क्षैतिज मिलिंग मशीन

बी] लंबवत मिलिंग मशीन

सी] यूनिवर्सल मिलिंग मशीन]

डी] खराद मशीन

291] कॉलम पर स्लाइड मूवमेंट

ए] अनुदैर्ध्य फ़ीड

बी] क्रॉस फीड

सी] लंबवत फ़ीड

डी] परिपत्र फ़ीड]

292] घुटने पर स्लाइड मूवमेंट

ए] अनुदैर्ध्य फ़ीड
बी] क्रॉस फीड
सी] लंबवत फ़ीड
डी] परिपत्र फ़ीड]
293] रोटरी टेबल
ए] अनुदैर्ध्य फ़ीड
बी] क्रॉस फीड
सी] लंबवत फ़ीड
डी] परिपत्र फ़ीड]
294] टेबल ट्रैवर्स]
ए] अनुदैर्ध्य फ़ीड
बी] क्रॉस फीड
सी] लंबवत फ़ीड
डी] परिपत्र फ़ीड]
295] बाएँ हाथ के धागों के साथ लंबे आर्बर थ्रेडेड सिरे को प्रदान किया जाता है
ए] किसी भी स्थिति में कटर और आर्बर के बीच चाबी डालने की सुविधा के लिए '
बी] आर्बर को सकारात्मक बिजली संचरण की सुविधा के लिए
सी] 'अर्जरों और मशीनों की अदला-बदली की सुविधा' के लिए
डी] काटने की क्रिया के दौरान आर्बर नट को ढीला होने से बचाने के लिए]
296] लंबे आर्बर टेपर सिरों आईएसओ मानकों के अनुसार हैं
ए] किसी भी स्थिति में कटर और आर्बर के बीच चाबी डालने की सुविधा के लिए '
बी] आर्बर को सकारात्मक बिजली संचरण की सुविधा के लिए
सी] 'अर्जरों और मशीनों की अदला-बदली की सुविधा' के लिए
डी] काटने की क्रिया के दौरान आर्बर नट को ढीला होने से बचाने के लिए]
297] टेनन स्लॉट आर्बर शोल्डर पर दिए गए हैं
ए] किसी भी स्थिति में कटर और आर्बर के बीच चाबी डालने की सुविधा के लिए '
बी] आर्बर को सकारात्मक बिजली संचरण की सुविधा के लिए
सी] 'अर्जरों और मशीनों की अदला-बदली की सुविधा' के लिए
डी] काटने की क्रिया के दौरान आर्बर नट को ढीला होने से बचाने के लिए]
298] कुंजी स्लॉट प्रदान किया गया है ओह पूरी आर्बर लंबाई]
ए] किसी भी स्थिति में कटर और आर्बर के बीच चाबी डालने की सुविधा के लिए ।
बी] आर्बर को सकारात्मक बिजली संचरण की सुविधा के लिए
सी] 'अर्जरों और मशीनों की अदला-बदली की सुविधा' के लिए
डी] काटने की क्रिया के दौरान आर्बर नट को ढीला होने से बचाने के लिए]

299] कटर की धुरी के लंबवत सतह का निर्माण करता है
ए] फेस मिलिंग प्रक्रिया है
बी] साइड मिलिंग प्रक्रिया है
सी] सादा मिलिंग प्रक्रिया है
डी] अंत मिलिंग प्रक्रिया है
300] मशीन आर्बर के लंबवत और सपाट सतहों का निर्माण
ए] फेस मिलिंग प्रक्रिया है
बी] साइड मिलिंग प्रक्रिया है
सी] सादा मिलिंग प्रक्रिया है
डी] अंत मिलिंग प्रक्रिया है
301] स्लॉट बनाने के लिए अंत और परिधि पर कटिंग की जाती है
ए] फेस मिलिंग प्रक्रिया है
बी] साइड मिलिंग प्रक्रिया है
सी] सादा मिलिंग प्रक्रिया है
डी] अंत मिलिंग प्रक्रिया है
302] प्लेन मिलिंग मशीन पर की जाने वाली प्रक्रिया
A] फेस मिलिंग प्रक्रिया है
बी] साइड मिलिंग प्रक्रिया है
सी] सादा मिलिंग प्रक्रिया है
डी] अंत मिलिंग प्रक्रिया है
303] वर्टिकल मिलिंग मशीन पर की जाने वाली प्रक्रिया।
ए] फेस मिलिंग प्रक्रिया है
बी] साइड मिलिंग प्रक्रिया है
सी] सादा मिलिंग प्रक्रिया है
डी] अंत मिलिंग प्रक्रिया है
304] कोबाल्ट टंगस्टन कार्बाइड और टेंटलम कार्बाइड की संरचना
ए] कार्बन स्टील कटर
बी] धातुमल कार्बाइड उपकरण कटर
सी] सिरेमिक कटर
डी] डायमंड कटर
305] एल्यूमीनियम और सिलिकॉन या मैग्नीशियम के आक्साइड की एक संरचना
ए] कार्बन स्टील कटर
बी] धातुमल कार्बाइड उपकरण कटर
सी] सिरेमिक कटर

डी] डायमंड कटर

306] स्टील 1.1% से 1.5% कार्बन के साथ

ए] कार्बन स्टील कटर

बी] धातुमल कार्बाइड उपकरण कटर

सी] सिरेमिक कटर

डी] डायमंड कटर

milling cutters

Milling Cutters

307] कम काटने की गति और फ़ीड दरों के लिए उपयुक्त

ए] कार्बन स्टील कटर

बी] धातुमल कार्बाइड उपकरण कटर

सी] सिरेमिक कटर

डी] डायमंड कटर

308] सटीक परिष्करण के लिए कम फ़ीड दर के साथ अत्यधिक उच्च काटने की गति]

ए] कार्बन स्टील कटर

बी] धातुमल कार्बाइड उपकरण कटर

सी] सिरेमिक कटर

डी] डायमंड कटर

309] प्रकृति में अधिक भंगुर

ए] कार्बन स्टील कटर

बी] धातुमल कार्बाइड उपकरण कटर

सी] सिरेमिक कटर

डी] डायमंड कटर

310] का उपयोग रिमर्स पर बांसुरी काटने के लिए किया जाता है

ए] समान डबल कोण कटर

बी] बोर टाइप सिंगल एंगल कटर

सी] असमान डबल कोण कटर

डी] शैंक टाइप सिंगल एंगल कटर]

311] का उपयोग क्षैतिज मिलिंग मशीन पर डोवेटेल गाइड के तरीकों को काटने के लिए किया जाता है

ए] समान डबल कोण कटर

बी] बोर टाइप सिंगल एंगल कटर

सी] असमान डबल कोण कटर

डी] शैंक टाइप सिंगल एंगल कटर]

312] 'वी' खांचे को काटने के लिए प्रयोग किया जाता है

ए] समान डबल कोण कटर

बी] बोर टाइप सिंगल एंगल कटर

सी] असमान डबल कोण कटर

डी] शैंक टाइप सिंगल एंगल कटर]

313] टाइप 'ए' के रूप में दो प्रकार हैं, छोटे सिरे के व्यास के आधार पर 'बी' टाइप करें

ए] समान डबल कोण कटर

बी] बोर टाइप सिंगल एंगल कटर

सी] असमान डबल कोण कटर

डी] शैंक टाइप सिंगल एंगल कटर]

314] दो कोणों का उल्लेख करके निर्दिष्ट किया गया है

ए] समान डबल कोण कटर

बी] बोर टाइप सिंगल एंगल कटर

सी] असमान डबल कोण कटर

डी] शैंक टाइप सिंगल एंगल कटर]

315] सपाट किनारे पर किनारे हो सकते हैं या नहीं भी हो सकते हैं]

ए] समान डबल कोण कटर

बी] <u>बोर टाइप सिंगल एंगल कटर</u>

सी] असमान डबल कोण कटर

डी] शैंक टाइप सिंगल एंगल कटर]

316] कार्यक्षेत्र मिलिंग लगाव

ए] <u>फेस मिलिंग, बोरिंग, एंड ड्रिलिंग, 'टी' स्लॉट मिलिंग</u>

बी] मिलिंग लंबे मिलिंग रैक

सी] कॉलम के चेहरे या ऊपरी बांह पर घुड़सवार

D] वर्टिकल मिलिंग अटैचमेंट दिया गया है

317] वर्टिकल मिलिंग मशीन के रूप में प्लेन या यूनिवर्सल मिलिंग मशीन का उपयोग करने के लिए

ए] फेस मिलिंग, बोरिंग, एंड ड्रिलिंग, 'टी' स्लॉट मिलिंग

बी] मिलिंग लंबे मिलिंग रैक

सी] कॉलम के चेहरे या ऊपरी बांह पर घुड़सवार

डी] <u>वर्टिकल मिलिंग अटैचमेंट प्रदान किया गया है</u>

318] लंबवत संलग्नक क्षैतिज मिलिंग मशीन को प्रदर्शन करने में सक्षम बनाता है

ए] <u>फेस मिलिंग, बोरिंग, एंड ड्रिलिंग, 'टी' स्लॉट मिलिंग</u>

बी] मिलिंग लंबे मिलिंग रैक

C] स्तंभ के ऊपरी भाग पर या भुजा के ऊपर लगा हुआ

D] वर्टिकल मिलिंग अटैचमेंट दिया गया है

319] रैक मिलिंग अटैचमेंट और रैक इंडेक्सिंग अटैचमेंट के लिए इस्तेमाल किया गया

ए] फेस मिलिंग, बोरिंग, एंड ड्रिलिंग, 'टी' स्लॉट मिलिंग

बी] <u>मिलिंग लंबे मिलिंग रैक</u>

सी] कॉलम के चेहरे या ऊपरी बांह पर घुड़सवार

D] वर्टिकल मिलिंग अटैचमेंट दिया गया है

320] स्लॉटिंग अटैचमेंट कनवर्ट करता है। स्पिंडल की रोटरी गति

ए] लंबवत मिलिंग अटैचमेंट प्रदान किया जाता है

B] किसी भी दिशा में 90x घुमाया जा सकता है

सी] मशीन की बहुमुखी प्रतिभा बढ़ाने के लिए

डी] <u>पारस्परिक गति में</u>

321] मिलिंग अटैचमेंट डिज़ाइन किए गए हैं]

ए] लंबवत मिलिंग अटैचमेंट प्रदान किया जाता है

B] किसी भी दिशा में 90x घुमाया जा सकता है

सी] <u>मशीन की बहुमुखी प्रतिभा बढ़ाने के लिए</u>

डी] पारस्परिक गति में

322] अटैचमेंट लाइट मशीनिंग को शामिल करने के लिए उपयोगी है।

ए] <u>गियर काटने का लगाव</u>

बी] गोलाकार मोड़ लगाव

सी] लगाव से राहत]

डी] उपरोक्त में से कोई नहीं

323] उपकरण उन्नति है] कैम प्रोफाइल द्वारा नियंत्रित।

ए] गियर काटने का लगाव

बी] गोलाकार मोड़ लगाव

सी] <u>लगाव से राहत</u>]

डी] उपरोक्त में से कोई नहीं

milling attachment 1 Milling Attachment

324] स्प्लिन आदि काटने के लिए उपयोगी।

ए] <u>गियर काटने का लगाव</u>

बी] गोलाकार मोड़ लगाव

सी] लगाव से राहत]

डी] उपरोक्त में से कोई नहीं

326] एक छेद की ड्रिलिंग और रीमिंग के लिए इस्तेमाल की जाने वाली जिग बुश है...?

ए] फिट बुश दबाएं

बी] लाइनर बुश

सी] <u>अक्षयझाड़ीपर्ची</u>

डी] निश्चित अक्षय झाड़ी

jig Jig Fixture

327] निम्नलिखित में से कौन सा उपकरण काम करते समय टोल के लिए नौकरी और गाइड रखने के लिए उपयोग किया जाता है?

ए] गेज

बी] आवास

सी] जिगो

डी] स्थिरता

Fixture 1 Jig Fixture

328] निम्नलिखित में से कौन सा उपकरण केवल क्लैम्पिंग जॉब के लिए दिया गया है?

ए] जिगो

बी] स्थिरता

सी] आवास

डी] गेज

329] वेल्डिंग जॉब द्वारा निर्मित होने पर 360 डिग्री सेल्सियस तक वेल्डिंग जॉब को फिक्स्ड या रिवॉल्विंग रखने के लिए किस उपकरण का उपयोग किया जाता है?

ए] गेज

बी] खाका

सी] जिगो

डी] स्थिरता

330] जिग ड्रिलिंग की मुख्य चीजें मशीन टेबल के साथ क्लैम्पिंग नहीं है, कौन सा कारण सही है, निम्नलिखित दिया गया है?

ए] यहऑपरेशनकेलिएमजबूतहै

बी] यह ऑपरेशन के लिए आसान है

सी] काम पर ड्रिलिंग करते समय कई अलग-अलग आकार के छेद अलग-अलग सेटिंग से उत्पन्न होते हैं

डी] इस डिवाइस के लिए बहुत समय है

331] राउंड शेप जॉब लोकेशन के लिए कौन से स्थान सबसे उपयोगी हैं?

ए] पिन टाइप लोकेटर

बी] वेज टाइप लोकेटर

सी] वीलोकेटर

डी] समायोज्य स्टॉप लोकेटर

332] ड्रिलिंग जिग्स में बुशिंग का उपयोग करने के लिए कौन सा कारण सही है?

ए] ड्रिलिंग के लिए आसान

बी] निश्चित ड्रिल छेद आकार के लिए

सी] सटीकड्रिलिंगऑपरेशनकेलिए

डी] बेहतर फिनिश ड्रिलिंग होल के लिए

333] जिग बुश के निर्माण के लिए धातु है...?

ए] माइल्ड स्टील

बी] कच्चा लोहा

सी] कास्ट स्टील

डी] उपकरणस्टील

334] निम्नलिखित झाड़ी को देखते हुए अक्षय झाड़ी का पता लगाने के लिए किस बस का उपयोग किया जाता है?

ए] फिट बुशिंग दबाएं

बी] रैखिकझाड़ी

सी] विशेष झाड़ी

डी] नर्ड बुशिंग

335] जिग में सहनशीलता है..?

ए] नौकरी सहिष्णुता के पांच वर्तमान

बी] नौकरी सहिष्णुता का दस प्रतिशत

सी] 20% से 50% नौकरीसहनशीलता

डी] 100% नौकरी सहनशीलता

336] बोर से लोकेशन के लिए निम्नलिखित में से किस जिग का उपयोग किया जाता है?

ए] प्लेट जिगो

बी] ठोस जिगो

सी] जिगोपोस्टकरें

डी] बॉक्स जिगो

337] किस जिग में ड्रिल प्लेट है?

ए] ठोस जिगो

बी] प्लेटजिगो

सी] बॉक्स जिगो

डी] टेबल जिगो

338] आंतरिक व्यास स्थान के लिए निम्नलिखित में से किस लोकेटर का उपयोग किया जाता है?

ए] ठोस सपोर्ट

बी] पिनटाइपलोकेटर

सी] वी लोकेटर

डी] घोंसला लोकेटर

339] ड्रम जिग बुशिंग-आम तौर पर कठोर होते हैं ------------]

ए] माइल्ड स्टील

बी] कच्चा लोहा

सी] कास्ट स्टील

डी] टूईस्टील

340] जिग्स वह उपकरण है जो -------------

ए] काम के टुकड़े का पता लगाएँ

बी] वर्क पीस को पकड़ना और सपोर्ट करना

सी] काटने के उपकरण का मार्गदर्शन करें

डी] उपरोक्तसभीकरताहै

341] निम्नलिखित में से किस जिग्स का उपयोग बोर से आबंटन के लिए किया जाता है?

ए] प्लेट जिगो

बी] ठोस जिगो

सी] जिगोपोस्टकरें

डी] बॉक्स जिगो

342] स्थिरता एक उत्पादन उपकरण है जो ------------]

ए] कामकेटुकड़ेकोपकड़ताहैऔरउसकापतालगाताहै

बी] टुकड़ा रखता है

सी] काम के टुकड़े को चैट करता है,

डी] न तो रखता है और न ही] काम के टुकड़े का पता लगाता है

343] निम्नलिखित में से किसका उपयोग उपकरण को निर्देशित करने और बड़े पैमाने पर उत्पादन में काम करने के लिए किया जाता है? '

ए] गेज]

बी] आवास

सी] स्थिरता

डी] जिगो

344] ड्रिल जिग में प्रोई/इडिंग बुशिंग का उद्देश्य निम्नलिखित में से क्या है?

ए] सटीकड्रिलिंगऑपरेशनकेलिएड्रिलकासटीकपतालगानेऔरड्रिलकामार्गदर्शनकरनेकेलिए

बी] ड्रिल किए जाने वाले छेद के आकार को निर्धारित करने के लिए

सी] आसान ड्रिलिंग के लिए

डी] ड्रिल किए गए छिद्रों में अच्छी तैयार सतह प्राप्त करने के लिए

345] ड्रिल जिग का उपयोग किसके लिए किया जाता है? _

ए] केवल ड्रिल संचालन]

बी] ड्रिलिंगकेलिएनौकरीदबाना

सी] ड्रिलिंग, रीमिंग, टैपिंग और अन्य संचालन

डी] केवल टूल्स का मार्गदर्शन करना

346] निम्नलिखित में से किस जिग्स में ड्रिल प्लेट होती है, जो ड्रिल किए जाने वाले घटक पर टिकी होती है?

ए] सॉलिड जिग]

बी] प्लेटजिग]

सी] बॉक्स जिगो

डी] ट्रुनियन जिगो

347] जिग एक उपकरण है जो -----------

ए] काम के टुकड़े का पता लगाता है]

बी] वर्कपीस और गाइड टूल को पकड़ें और सपोर्ट करें

सी] काटने के उपकरण का मार्गदर्शन करता है

डी] काटनेकेउपकरणकोपकड़ो]

348] ड्रिल जिग का उपयोग के लिए किया जाता है

ए] ड्रिलिंग, रीमिंग, टैपिंगऔरअन्यसंबद्धसंचालन

बी] केवल ड्रिलिंग ऑपरेशन

सी] ड्रिलिंग करते समय नौकरी दबाना

डी] केवल उपकरण का मार्गदर्शन करना

349] स्थिरता एक उत्पादन उपकरण है जो ----------: -----

ए] वर्क पीस रखती है'

बी] काम के टुकड़े का पता लगाएँ

<u>सी] कामकेटुकड़ेकोपकड़ताहैऔरढूंढताहै</u>

D] वर्कपीस को न तो पकड़ता है और न ही ढूंढता है

350] बॉक्स जिग का उद्देश्य है:

ए] नौकरी पकड़ो और उपकरण को आंतरिक धागे बनाने के लिए मार्गदर्शन करें

<u>बी] कईझुकेहुएछिद्रोंकाउत्पादनकरनेकेलिए</u>

सी] कई सीधे छेद बनाने के लिए

डी] इनमें से कोई नहीं

351] जिग्स और फिक्स्चर --------]

ए] मशीनिंग टूल्स

<u>बी] सटीकउपकरण</u>

सी] दोनों (ए] और (बी)

डी] इनमें से कोई नहीं

352] 'फिक्स्चर की तुलना में वजन के मामले में जिग कैसे हैं?

<u>ए] जिग्सजुड़नारकीतुलनामेंहल्केहोतेहैं</u>

बी] जिग्स फिक्स्चर से भारी होते हैं

सी] जिग्स एक ही ऑपरेशन के लिए फिक्स्चर के वजन के बराबर हैं

डी] इनमें से कोई नहीं

353] मशीनिंग भागों के लिए कौन से फिक्स्चर का उपयोग किया जाता है जो मुस्तह-ए-मशीनीकृत विवरण समान दूरी पर होते हैं?

ए] प्रोफ़ाइल जुड़नार

बी] डुप्लेक्स जुड़नार

<u>सी] अनुक्रमणजुड़नार</u>

डी] इनमें से कोई नहीं

354] एनीलिंग का मुख्य उद्देश्य ----------- है

<u>ए] मशीनेबिलिटीमेंसुधारकरनेकेलिए</u>

बी] चुंबकत्व में सुधार करने के लिए

सी] कठोरता बढ़ाने के लिए

डी] कठोरता बढ़ाने के लिए

355] एचएसएस में कार्बन प्रतिशत] उपकरण है------

<u>ए] 0.75 से 1.00%</u>

बी] 1.00 से 2.00 00

सी] 0.60 से 0.75%

डी] 0.02 से 0.03%]

356] निम्नलिखित में से कौन-सा एक धातु का लोचदार विरूपण के लिए प्रतिरोध है?

ए] लचीलापन]

बी] ताकत

<u>सी] कठोरता</u>

डी] कठोरता

357] आवश्यक गुण प्राप्त करने के लिए स्टील की संरचना को बदलने के लिए हीटिंग और कूलिंग की प्रक्रिया को कहा जाता है

ए] हार्डनिंग

<u>बी] सामान्यीकरण</u>

सी] गर्मी उपचार

डी] तड़के

358] एनीलिंग का मुख्य उद्देश्य है

ए] कठोरता बढ़ाएं

बी] बेरहमी बढ़ाएँ

<u>सी] मशीनेबिलिटीमेंसुधार</u>

डी] विरूपण में सुधार

359] स्टील को सामान्य बनाने का उद्देश्य है -----------

<u>ए] प्रेरिततनावकोदूरकरें</u>

बी] जीन में सुधार और भंगुरता को कम करें

सी] धातु को नरम करें

डी] सतह बढ़ाएँ?

360] बाहरी 5” एनीलिंग . को सख्त करने के लिए निम्नलिखित में से किस प्रक्रिया का उपयोग किया जाता है?

ए] हार्डनिंग

बी] तड़के

<u>सी] केसहार्डनिंग</u>

डी] आंसू सतह

361] टफ और डक्टआईआई कोर और हार्ड के साथ एक कंपोनेंट के उत्पादन के उद्देश्य के रूप में जाना जाता है।]

ए] हार्डनिंग

<u>बी] केससख्त</u>

सी] तड़के

डी] एनीलिंग

362] सख्त होने पर उच्च कार्बन स्टील का कम महत्वपूर्ण तापमान ---------- होता है

ए] 9600C

बी] 900 डिग्री सेल्सियस

<u>सी] 7230 सी</u>

डी] 56O सी

363] संरचना को बदलने की प्रक्रिया और इस प्रकार हीटिंग और कूलिंग द्वारा गुणों को बदलने के रूप में जाना जाता है -

<u>ए] हीटट्रीटमेंट</u>

बी] मिश्र धातु

सी] तड़के

डी] इनमें से कोई नहीं

364] अनाज की संरचना को परिष्कृत करने के लिए निम्नलिखित में से कौन सी गर्मी उपचार प्रक्रिया को अपनाया जाता है]

ए] एनीलिंग

बी] हार्डनिंग

सी] तड़के

<u>डी] सामान्यीकरण</u>

365] एनीलिंग लोहे और स्टील पर की जाती है ---------

ए] आंतरिक तनाव को दूर करने के लिए

बी] कठोरता को कम करने के लिए

सी] मशीनेबिलिटी में सुधार करने के लिए

<u>डी] येसभी</u>

366] निम्नलिखित में से कौन-सा ऊष्मा उपचार के चरणों में नहीं आता है?

ए] ताप

<u>बी] सफाई</u>

सी] शमन

डी] भिगोना

20] धातु 02

367] गन मेटल तांबे की मिश्रधातु है, ------------

<u>ए] टिनऔरजस्ता</u>

बी] सीसा और जस्ता
सी] जिंक और निकल
डी] सीसा और निकल
368] गटर बनाने के लिए, छत की चमक, हुड आदि]
ए] जस्ती लोहा
बी] स्टेनलेस स्टील
सी] कॉपर शीट
डी] धातु की चादरें
369] डेयरियों में] खाद्य प्रसंस्करण, रसोई के बर्तन आदि]
ए] जस्ती लोहा
बी] स्टेनलेस स्टील
सी] कॉपर शीट
डी] धातु की चादरें
370] बाल्टी, हीटिंग नलिकाएं, अलमारियाँ आदि बनाने के लिए]
ए] जस्ती लोहा
बी] स्टेनलेस स्टील
सी] कॉपर शीट
डी] धातु की चादरें
371] कैनरी और रासायनिक संयंत्रों में धातु की चादरें
ए] जस्ती लोहा
बी] स्टेनलेस स्टील
सी] कॉपर शीट
डी] धातु की चादरें
372] मिश्र धातु इस्पात, अच्छा संक्षारक प्रतिरोध और आसानी से वेल्ड
ए] काला लोहा
बी] जस्ती लोहा
सी] स्टेनलेस स्टील
डी] एल्यूमिनियम
373] सबसे सस्ता, किसी भी वांछित मोटाई में लुढ़काया जा सकता है
ए] काला लोहा
बी] जस्ती लोहा
सी] स्टेनलेस स्टील
डी] एल्यूमिनियम
374] जंग के खिलाफ चमकदार चांदी की उपस्थिति का प्रतिरोध करता है

ए] काला लोहा

बी] जस्ती लोहा

सी] स्टेनलेस स्टील

डी] एल्यूमिनियम

375] तेजी से खराब होता है] नीला काला दिखाई देता है

ए] काला लोहा

बी] जस्ती लोहा

सी] स्टेनलेस स्टील

डी] एल्यूमिनियम

376] ग्राइंडिंग व्हील की कठोरता __________ द्वारा निर्धारित की जाती है

ए] प्रतिरोधलगायागया] बंधनद्वारातनावकोपीसनेकेखिलाफ

बी] घर्षण अनाज की कठोरता

सी] बंधन की कठोरता

डी] प्रवेश करने की क्षमता

377] जब ग्राइंडिंग व्हील को बहुत तेज गति से सुरक्षित रूप से चलाने की आवश्यकता होती है, तो किस बंधन का उपयोग किया जाना चाहिए? "

ए] विट्रिफाइड

बी] शैलैक

सी] सिलिकेट

डी] रेजिनॉयड' औररबर

378] सतह पीसने में सामान्य प्रयोजन सतह पीसने के लिए पीसने वाले पहिये के अनाज के आकार की उपयुक्त सीमा क्या है?

ए] 20 से 36

बी] 46 से 60

सी] 80 से 120

डी] 150 से 300

379] भारतीय मानक के अनुसार, अनाज '46'। «w] के समूह के अंतर्गत आता है -----

ए] मोटे

बी] मध्यम

सी] ठीक

डी] बहुत बढ़िया

380] ग्राइंडिंग व्हील में प्रयुक्त अपघर्षक का ग्रिट आकार आमतौर पर ---------- द्वारा निर्दिष्ट किया जाता है

ए] कठोरता संख्या

बी] पहिया का आकार

सी] घर्षण की कोमलता या कठोरता

<u>डी] मेषसंख्या</u>

381] बेंच ग्राइंडर का उपयोग किसके लिए किया जाता है

ए] हैवी ड्यूटी वर्क

बी] भारी और हल्का कर्तव्य कार्य

<u>सी] लाइटड्यूटीवर्क</u>

डी] झाग का काम

382] बेंच ग्राइंडर a . पर लगे होते हैं

ए] बेस

<u>बी] टेबल]</u>

सी] व्हील गार्ड

डी] कन्वेयर

383] निम्नलिखित में से कौन सबसे अधिक इस्तेमाल की जाने वाली प्रेसिजन ग्राइंडिंग मशीन है?

ए] भूतल ग्राइंडर

बी] टूल कटर ग्राइंडर

सी] बेलनाकार ग्राइंडर

<u>डी] येसभी</u>

384] सरफेस ग्राइंडिंग मशीन टेबल स्लाइड ----------

ए] 'टी' __ 5.0.:

<u>बी] 'वी' स्लॉट</u>

सी] 'यू' स्लॉट

डी] रेडियल स्लॉट

385] सरफेस ग्राइंडर का उद्देश्य है

ए] घुमावदार सतह का उत्पादन करें

<u>बी] सपाटसतहोंकाउत्पादनकरें</u>

सी] बेलनाकार सतह का उत्पादन करें

डी] असमान सतह का उत्पादन करें

386] बेलनाकार पीस का उत्पादन हो सकता है

<u>ए] सादा, सिलेंडरऔरकदमरखा</u>

बी] योजना, पतला और सिलेंडर

सी] सिलेंडर, पतला और कदम रखा

387] अनुक्रमण की तीव्र विधि के लिए प्रयुक्त।

ए] <u>डायरेक्ट इंडेक्सिंग हेड</u>

बी] सरल अनुक्रमण शीर्ष

सी] यूनिवर्सल इंडेक्सिंग हेड

डी] उपरोक्त में से कोई नहीं

388] जहां बड़ी संख्या में समान टुकड़ों को अनुक्रमित किया जाता है वहां प्रयुक्त होता है

ए] <u>डायरेक्ट इंडेक्सिंग हेड</u>

बी] सरल अनुक्रमण शीर्ष

सी] यूनिवर्सल इंडेक्सिंग हेड

डी] उपरोक्त में से कोई नहीं

indexing head

Indexing Head Mechanism

389] डिफरेंशियल इंडेक्सिंग के लिए कई तरह के गियर बदलने के साथ प्रयोग किया जाता है]

ए] डायरेक्ट इंडेक्सिंग हेड

बी] सरल अनुक्रमण शीर्ष

सी] <u>यूनिवर्सल इंडेक्सिंग हेड</u>

डी] उपरोक्त में से कोई नहीं

390] ---------- घर्षण से बने ग्राइंडिंग व्हील्स अपने फ्री और कूल कटिंग एक्शन के कारण सबसे आम हैं]

<u>ए] एल्यूमिनियमऑक्साइड</u>

बी] सिलिकॉन ऑक्साइड

सी] अमोनियम ऑक्साइड

डी] कार्बाइड]

391] निम्नलिखित में से किस अपघर्षक का उपयोग ज्यादातर गैर-धातु सामग्री को काटने के लिए पहियों को काटने के लिए किया जाता है?

ए] एल्यूमिनियम ऑक्साइड

बी] सिलिकॉनकार्बाइड

सी] हीरा

डी] उपरोक्त में से कोई नहीं

392] टंगस्टन कार्बाइड टूल इंसर्ट को पीसने के लिए किस अपघर्षक कण का उपयोग किया जाता है?

ए] सिलिकॉनकार्बाइड

बी] ए|203

सी] हीरा

डी] कोरन्डम

393] निम्नलिखित में से कौन सा प्राकृतिक अपघर्षक है?

ए] एल्यूमिनियम ऑक्साइड

बी] सिलिकॉन

सी] बोरॉन कार्बाइड

डी] कोरन्डम

394] निम्नलिखित में से कौन सा निर्मित अपघर्षक है?

ए] कोरन्डम]

बी] क्वाट्र्ज

सी] सिलिकॉन

डी] एमरी

395] स्टील की फिटिंग को पीसने के लिए किस अपघर्षक कण का उपयोग किया जाता है?

ए] सिलिकॉन कार्बाइड

बी] एल्यूमिनियमऑक्साइड

सी] हीरा]

डी] बोरॉन ऑक्साइड

396] कंक्रीट के पत्थर और चिनाई को काटने के लिए किस प्रकार के अपघर्षक कट ऑफ व्हील का उपयोग किया जाना चाहिए?

ए] सिलिकॉन

बी] अल 203

सी] डायमंडग्रिट

डी] ग्लास

397] एल्युमिनियम ऑक्साइड व्हील पीसने के लिए प्रयोग किया जाता है ------------

ए] कच्चा लोहा

बी] सीमेंटेड कार्बाइड।

सी] एचएसएस '

डी] सिरेमिक

398] हीरे के पहिये का आबंध टिप्ड टूल की ऑफहैंड ग्राइंडिंग के लिए उपयुक्त है

ए] रेजिनोइड

बी] विट्रिफाइड

सी] शैलैक

डी] धातु

399] निम्नलिखित में से कौन सा बांड आमतौर पर प्रयोग किया जाता है?

ए] विट्रिफाइडबॉन्ड '

बी] रबड़ बंधन

सी] शैलैक बंधन

डी] सिलिकेट बंधन

400] पारंपरिक रूप से रेजिनोइड बॉन्ड के लिए इस्तेमाल किया जाने वाला प्रतीक ~~~~~~~ . है

ए] वी

बी] आर एफ

सी] बी

डे

401] ग्राइंडिंग प्रैक्टिस में "ग्रेड ऑफ व्हील" शब्द का अर्थ ------------- है।

ए] इस्तेमाल किए गए अपघर्षक की कठोरता

बी] पहियाकेबंधनकीताकत

सी] व्हील 0 एफ समाप्त करें

डी] काम के टुकड़ों की कठोरता

402] पहियों को काटने में किस बंधन का उपयोग किया जाता है?

एक रबर

बी] विट्रिफाइड

सी] रेसिरजॉइड

डी] शैलैक

औद्योगिक प्रशिक्षण संस्थान

मासिक टेस्ट-1, अंक- 20, दिनांक:- ____________________

(प्रत्येक प्रश्न दो अंक का होता है)

1-06] दुर्घटना की स्थिति में पीड़ित को

ए] आराम करने के लिए कहा

सी] तुरंत भाग लिया

डी] उसे छोड़ दो

2-07] प्राथमिक रूप से घायल या बीमार व्यक्ति को प्राथमिक उपचार दिया जाता है

ए] जीवन बचाओ

बी] मफ की और गिरावट को रोकें

सी] सर्वोत्तम संभव आराम दें

डी] ये सभी

3-08] बेकार कागज को अलग करने के लिए डिब्बे का रंग कोड है -----

ए] नीला रंग

बी] पीला रंग

सी] लाल रंग

डी] हरा रंग

4-09] कौन सी वर्कशॉप सेफ्टी है?

ए] दुकान के फर्श को साफ और ग्रीस, तेल या अन्य फिसलन सामग्री से मुक्त रखें

बी] गति बदलने से पहले मशीन बंद करो

सी] फटे या चिपके हुए औजारों का प्रयोग न करें

D] चल रही मशीन को हाथ से रोकने की कोशिश न करें

5-10] पर्सनल प्रोटेक्ट इक्विपमेंट (पीपीई) में हेल्मेट का इस्तेमाल किया जाता है

ए] सिर की रक्षा करें

बी] आंखों की रक्षा करें

सी] हाथों की रक्षा करें

डी] कानों की रक्षा करें

6-11] निम्नलिखित में से कौन सामान्य सुरक्षा से संबंधित है?

A एक कार्यकर्ता को अच्छे व्यवहार में रखें

बी] काम साफ और स्पष्ट

सी] अपने काम पर ध्यान लगाओ

डी] फर्श और गैंगवे को साफ और साफ रखें

7-12] पीसते समय आंखों की सुरक्षा के लिए किसका प्रयोग किया जाता है?

ए] गहरा हरा कांच

बी] मुखौटा

सी] धूप का चश्मा

डी] सुरक्षा चश्मा

8-13] मशीन की सुरक्षा के लिए निम्नलिखित में से क्या किया जाता है?

ए] मशीन शुरू करने से पहले तेल के स्तर की जांच करें

बी] चीजों को व्यवस्थित तरीके से करें

सी] फर्श और गैंगवे को साफ और साफ रखें

डी] डाई और स्कार्फ का प्रयोग न करें

9-14] पर्सनल प्रोटेक्ट इक्विपमेंट (पीपीई।, 'स्लीव्स' का इस्तेमाल ---------- की सुरक्षा के लिए किया जाता है)

एक चेहरा

बी] आंखें

सी] कान

डी] हाथ

10-15] एबीसी का मतलब --------------

ए] स्वचालित श्वास नियंत्रण

बी] स्वचालित रक्त नियंत्रण

सी] वायुमार्ग श्वास परिसंचरण

डी] स्वचालित रक्त परिसंचरण

औद्योगिक प्रशिक्षण संस्थान

मासिक टेस्ट -2, अंक- 20, तिथिः- _______________

(प्रत्येक प्रश्न दो अंक का होता है)

1-21] डेटम किनारे के समानांतर समानांतर रेखाओं को चिह्नित करने के लिए इस्तेमाल किया जाने वाला उपकरण है -

ए] जेनी कैलिपर

बी] डिवाइडर

सी] बाहरी कैलिपर

डी] कैलिपर के अंदर

2-22] निम्नलिखित में से कौन सा एक अप्रत्यक्ष माप उपकरण है?

ए] बाहरी कैलिपर

बी] वर्नियर कैलिपर

सी] स्टील नियम

डी] बाहरी माइक्रोमीटर

3-23] पतली ट्यूबिंग काटने के लिए, हैक्सॉ ब्लेड की सबसे उपयुक्त पिच है...

ए] 1.8 मिमी

बी] 1.4 मिमी

सी] 1 मिमी

डी] 0.8 मिमी

4-24] ठोस पीतल काटने के लिए, हैक्सॉ ब्लेड की सबसे उपयुक्त पिच है...

ए] 1.8 मिमी

बी] 1.4 मिमी

सी] 1 मिमी

डी] 0.8 मिमी

5-25] एक नया हैक्सॉ ब्लेड कुछ स्ट्रोक के बाद ढीला हो जाता है क्योंकि...

ए] ब्लेड का खिंचाव

बी] विंग-अखरोट के धागे खराब हो रहे हैं

सी] ब्लेड की गलत पिच

डी] आरी के सेट का अनुचित चयन।

6-26] छोटे व्यास के पाइपों को काटते समय नियमित रूप से देखने और यह सुनिश्चित करने की सलाह दी जाती है कि...

ए] कट घुमावदार रेखा के साथ है

बी] अधिक देखा दांत अनुबंध में हैं

सी] काम ज़्यादा गरम नहीं है

डी] हैकसॉ का उचित संतुलन बनाए रखा जाता है

7-27] वाइस क्लैम्प्स का उपयोग किया जाता है

ए] कठोर जबड़े की रक्षा करें

बी] काम के टुकड़ों को सख्ती से जकड़ें

सी] तैयार सतहों की रक्षा करें

डी] जंगम जबड़े को दाखिल होने से रोकें

8-28] अंकन के दौरान संदर्भ सतह किसके द्वारा प्रदान की जाती है...

ए] भूतल गेज

बी] वर्कपीस

सी] काम का चित्रण

डी] तालिका की सतह को चिह्नित करना

9-29] एक इंजीनियर के वाइस का आकार किसके द्वारा निर्दिष्ट किया जाता है?

ए] जंगम जबड़े की लंबाई

बी] जबड़े की चौड़ाई

सी] वाइस की ऊंचाई

D] जबड़ों का अधिकतम खुलना

10-30] यूनिवर्सल सरफेस गेज का वह भाग जो एक डेटम एज के साथ समानांतर रेखा खींचने में मदद करता है, वह है ..

ए] रॉकर आर्म

बी] सुखद

सी] ठीक समायोजन पेंच

डी] गाइड पिन

औद्योगिक प्रशिक्षण संस्थान

मासिक टेस्ट-3, अंक- 20, दिनांकः- ___________________

(प्रत्येक प्रश्न दो अंक का होता है)

1-36] 'वी' ब्लॉक के ग्रेड में उपलब्ध हैं...

ए] ए और बी

बी] ए, बी और सी

सी] 1,2 और 3

डी] 1 और 2

2-37] ग्रेड 'बी' के 'वी' ब्लॉक किससे बने होते हैं?

ए] कच्चा लोहा

बी] हल्के स्टील

सी] स्टील

डी] कास्ट स्टील

3-38] केंद्र का पता लगाने के लिए इस्तेमाल किए जाने वाले पंच का नाम बताएं

A] प्रिक पंच 30°

B] प्रिक पंच 60°

सी] केंद्र पंच

डी] डॉट पंच

4-39] सेंटर पंच का पॉइंट एंगल -------- होता है

ए] 30 डिग्री

बी] 50 डिग्री

सी] 900

डी] 1200

5-40] घूंसे का उपयोग किसी भी आकार के ---------- बनाने के लिए किया जाता है

ए] छेद

बी] खनन

सी] नूरलिंग

सपना देखना

6-41] आम तौर पर वाइस के हैंडल की लंबाई ---------- होती है

ए] वाइस के सामान्य आकार का 1.5 गुना

बी] वाइस के सामान्य आकार का 2.5 गुना

सी] वाइस के सामान्य आकार का 3.5 गुना

डी] वाइस के सामान्य आकार का 4.5 गुना

7-42] बेंच वाइस स्पिंडल का बना होता है

ए] माइल्ड स्टील

बी] कच्चा लोहा

सी] टूल स्टील

डी] कांस्य

8-43] फाइलों की उत्तलता मदद करती है

ए] अवतल सतहों को फाइल करने के लिए

बी] उत्तल सतहों को फाइल करने के लिए

सी] काम के किनारों को गोल करने से रोकने के लिए

D] दबाव डालने पर फाइल सीधी हो जाती है

9-44] लकड़ी, चमड़ा और अन्य नरम सामग्री भरने के लिए किस फाइल का उपयोग किया जाता है?]

ए] सिंगल कट फाइल

बी] डबल कट फ़ाइल

सी] रास्प कट फ़ाइल

डी] घुमावदार कट फ़ाइल

10-45] उपयोग की गई फ़ाइल का उपयोग ------------ के लिए किया जाता है

ए] काम के टुकड़े की सफाई

सी] फ़ाइल दांतों का नवीनीकरण

बी] फाइल दांतों की सफाई

डी] चिप्स की सफाई

औद्योगिक प्रशिक्षण संस्थान

मासिक टेस्ट -4, अंक- 20, दिनांक:- _______________

(प्रत्येक प्रश्न दो अंक का होता है)

1-51] एल्यूमिनियम ऑक्साइड व्हील पीसने के लिए प्रयोग किया जाता है ------------

ए] कच्चा लोहा

बी] सीमेंटेड कार्बाइड।

सी] एचएसएस '

डी] सिरेमिक

2-52] इत्तला दे दी गई टूल की ऑफहैंड ग्राइंडिंग के लिए उपयुक्त डायमंड व्हील का बॉन्ड है

ए] रेजिनोइड

बी] विट्रिफाइड

सी] शैलैक

डी] धातु

3-53] निम्नलिखित में से कौन सा बांड आमतौर पर प्रयोग किया जाता है?

ए] विट्रिफाइड बॉन्ड '

बी] रबड़ बंधन

सी] शैलैक बंधन

डी] सिलिकेट बंधन

4-54] रेजिनोइड .बॉन्ड के लिए पारंपरिक रूप से इस्तेमाल किया जाने वाला प्रतीक ~~~~~~~~ . है

ए] वी

बी] आर एफ

सी] बी

डे

5-55] ग्राइंडिंग प्रैक्टिस में "ग्रेड ऑफ व्हील" शब्द का अर्थ ------------ है।

ए] इस्तेमाल किए गए अपघर्षक की कठोरता

बी] पहिया के बंधन की ताकत

सी] व्हील 0 एफ समाप्त करें

डी] काम के टुकड़ों की कठोरता

6-56] पहियों को काटने में किस बंधन का प्रयोग किया जाता है?

एक रबर

बी] विट्रिफाइड

सी] रेसिरजॉइड

डी] शैलैक

7-57] घर्षण से बने ग्राइंडिंग व्हील्स अपने फ्री और कूल कटिंग एक्शन के कारण सबसे आम हैं।]

ए] एल्यूमिनियम ऑक्साइड

बी] सिलिकॉन ऑक्साइड

सी] अमोनियम ऑक्साइड

डी] कार्बाइड]

8-58] निम्नलिखित में से किस अपघर्षक का उपयोग ज्यादातर गैर-धातु सामग्री को काटने के लिए पहियों को काटने के लिए किया जाता है?

ए] एल्यूमिनियम ऑक्साइड

बी] सिलिकॉन कार्बाइड

सी] हीरा

डी] उपरोक्त में से कोई नहीं

9-59] टंगस्टन कार्बाइड टूल इंसर्ट को पीसने के लिए किस अपघर्षक कण का उपयोग किया जाता है?

ए] सिलिकॉन कार्बाइड

बी] ए|203

सी] हीरा

डी] कोरन्डम

10-60] निम्नलिखित में से कौन सा प्राकृतिक अपघर्षक है?

ए] एल्यूमिनियम ऑक्साइड

बी] सिलिकॉन

सी] बोरॉन कार्बाइड

डी] कोरन्डम

औद्योगिक प्रशिक्षण संस्थान

मासिक टेस्ट -5, अंक- 20, तिथि:- ______________

(प्रत्येक प्रश्न दो अंक का होता है)

1-66] सतह पीसने में सामान्य प्रयोजन सतह पीसने के लिए पीसने वाले पहिये के अनाज के आकार की उपयुक्त सीमा क्या है?

ए] 20 से 36

बी] 46 से 60

सी] 80 से 120

डी] 150 से 300

2-67] भारतीय मानक के अनुसार, अनाज '46'। «w] के समूह के अंतर्गत आता है -----

ए] मोटे

बी] मध्यम

सी] ठीक

डी] बहुत बढ़िया

3-68] ग्राइंडिंग व्हील में प्रयुक्त अपघर्षक का ग्रिट आकार आमतौर पर ---------- द्वारा निर्दिष्ट किया जाता है

ए] कठोरता संख्या

बी] पहिया का आकार

सी] घर्षण की कोमलता या कठोरता

डी] मेष संख्या

4-69] बेंच ग्राइंडर का प्रयोग किया जाता है

ए] हैवी ड्यूटी वर्क

बी] भारी और हल्का कर्तव्य कार्य

सी] लाइट ड्यूटी वर्क

डी] झाग का काम

5-70] बेंच ग्राइंडर a . पर लगे होते हैं

ए] बेस

बी] टेबल]

सी] व्हील गार्ड

डी] कन्वेयर

6-71] टेंपर शैंक ड्रिल मशीन पर किसके माध्यम से आयोजित की जाती है...

ए] चक्स

बी] आस्तीन

सी] बहाव

डी] वाइस

7-72] ड्रिल चक को ड्रिलिंग मशीन स्पिंडल पर किस माध्यम से फिट किया जाता है...

ए] घुमावदार अंगूठी

बी] आर्बोर

सी] बहाव

डी] पिनियन और कुंजी

8-73] अभ्यास पर प्रदान किया गया मोर्स टेपर के बीच होता है

ए] एमटी 1 से एमटी 5

बी] मीट्रिक टन 1 से मीट्रिक टन 4

सी] एमटी 0 से एमटी 5

डी] एमटी 0 से एमटी 4

9-74] बहाव के लिए प्रयोग किया जाता है...

ए] एक ड्रिल स्थान बनाना

बी] मशीन स्पिंडल पर चक फिक्सिंग

C] टूटी हुई ड्रिल को काम से हटाना

डी] मशीन स्पिंडल से ड्रिल को हटाना

10-75] जब ड्रिल का टेंपर शैंक मशीन स्पिंडल से बड़ा होता है, तो ड्रिल को होल्ड करने का उपकरण एक...

ए] ड्रिल आस्तीन

बी] टेपर सॉकेट

सी] ड्रिल बहाव

डी] चक और कुंजी

मासिक टेस्ट -6, अंक- 20, तिथि:- _______________

(प्रत्येक प्रश्न दो अंक का होता है)

1-81] ड्रिल का निकासी कोण के बीच है

ए] 3? 5 को?

बी] 8? 12 तक?

सी] 12? 20 तक?

डी] 15? 20 तक?

2-82] एक दूरस्थ स्थान में (बिजली उपलब्ध नहीं है) एक रेल ट्रैक को ड्रिल किया जाना है] सही ड्रिलिंग मशीन चुनें

ए] रेडियल ड्रिलिंग मशीन

बी] स्तंभ ड्रिलिंग मशीन

सी] शाफ़्ट ड्रिलिंग मशीन

डी] संवेदनशील ड्रिलिंग मशीन

3-83] एक बढ़ई द्वारा कैबिनेट बनाने के लिए उपयोग की जाने वाली ड्रिलिंग मशीन है a

ए] शाफ़्ट ड्रिलिंग मशीन

बी] रेडियल ड्रिलिंग मशीन

सी] ब्रेस्ट ड्रिलिंग मशीन

डी] संवेदनशील ड्रिलिंग मशीन

4-84] निम्नलिखित में से कौन सी ड्रिलिंग मशीन का उपयोग ड्रिलिंग छेद के लिए किया जाता है जहां बिजली उपलब्ध नहीं होती है?

ए] बेंच ड्रिलिंग मशीन

बी] स्तंभ ड्रिलिंग मशीन

सी] रीडायल ड्रिलिंग मशीन

डी] शाफ़्ट ड्रिलिंग मशीन

5-85] निम्नलिखित में से किस ड्रिलिंग मशीन का उपयोग भारी काम के लिए किया जाता है?

ए] बेंच ड्रिलिंग मशीन

बी] स्तंभ ड्रिलिंग मशीन

सी] रेडियल ड्रिलिंग मशीन

डी] इलेक्ट्रिक हैंड ड्रिलिंग मशीन

6-86] ड्रिल चक को मशीन के स्पिंडल पर किस माध्यम से रखा जाता है?

ए] आर्बर

बी] बहाव

सी] ड्रा-इन बार

डी] चक अखरोट

7-87] एक संवेदनशील बेंच ड्रिलिंग मशीन में विभिन्न गतियां प्राप्त की जाती हैं ----

ए] बेल्ट चरखी तंत्र

बी] हाइड्रोलिक तंत्र

सी] रैक और पिनियन तंत्र

डी] कैम और अनुयायी तंत्र

8-88] M10 x 15 के लिए टैपिंग ड्रिल का आकार ---------- है

ए] 8.2

बी] 8.3

सी] 8.4

डी] 8.5

9-89] M10XI.S के स्क्रू के लिए एक नट बनाना है] ड्रिल किए गए छेद का आकार क्या होना चाहिए?

ए] 8-5 मिमी

बी] 9.0 मिमी

सी] 9.5 मिमी

डी] 10.0 मिमी

10-90] टैप को पीसकर फिर से तेज किया जाता है

ए] बांसुरी

बी] धागे

सी] व्यास

डी] राहत

औद्योगिक प्रशिक्षण संस्थान

मासिक टेस्ट-7, अंक- 20, दिनांकः- ____________________

(प्रत्येक प्रश्न दो अंक का होता है)

1-96] एक डाई जिसमें प्रति स्ट्रोक कटिंग और नॉन कटिंग ऑपरेशन किए जाते हैं।

ए] पियर्सिंग डाई

बी] प्रोग्रेसिव डाई

C] कॉम्बिनेशन डाई

डी] कंपाउंड डाई

2-97] एक डाई जिसमें दो या दो से अधिक स्टेशनों पर दो या दो से अधिक अनुक्रमिक संचालन काम पर किए जाते हैं।

ए] पियर्सिंग डाई

बी] प्रोग्रेसिव डाई

C] कॉम्बिनेशन डाई

डी] कंपाउंड डाई

3-98] एक डाई जिसमें पंच और डाई का आकार सीधे धातु में कम या बिना धातु के प्रवाह के पुन: उत्पन्न होता है।

ए] प्रोग्रेसिव डाई

बी] संयोजन मरो

C] कंपाउंड डाई

डी] मरने का गठन

4-99] किसी भी आकार के छेद बनाने के लिए इस्तेमाल किया जाने वाला डाई।

ए] पियर्सिंग डाई

बी] प्रोग्रेसिव डाई

C] कॉम्बिनेशन डाई

डी] कंपाउंड डाई

5-100] एक छोटा रिएमर जिसमें एक आर्बर या मैंड्रेल के साथ प्रयोग किया जाता है, एक अक्षीय छेद होता है ----------

ए] समानांतर रीमर

बी] एडजस्टेबल रीमर

C] एक्सपेंशन रीमर

डी] चकिंग रीमर

6-101] निम्नलिखित में से किस मशीन रीमर का उपयोग रीमर एक्सिस और वर्क एक्सिस के बीच मिसलिग्न्मेंट को ठीक करने के लिए किया जाता है?

ए] फ्लोटिंग ब्लेड रीमर

बी] मशीन जिग रीमर]

सी] शैल रीमर

डी] चकिंग रीमर

7-102] मीट्रिक प्रणाली में वर्नियर हाइट गेज की न्यूनतम गणना है

ए] 0.05 मिमी

बी] 0.1 मिमी

सी] 0.02 मिमी

डी] 0.001 मिमी

8-103] ब्रिटिश प्रणाली में वर्नियर हाइट गेज की न्यूनतम संख्या है

ए] 0.05"

बी] 0.001”

सी] 0.002”

डी] 1”

9-104] अंकन के प्रयोजनों के लिए, एक वर्नियर ऊंचाई गेज का उपयोग किया जाना चाहिए

ए] मशीन टूल का बिस्तर

बी] सतह प्लेट

सी] स्क्वायर ब्लॉक

डी] कोई भी सपाट सतह

10105] वर्नियर हाइट गेज की रीडिंग a . के समान होती है

ए] वर्नियर कैलिपर

बी] गहराई माइक्रोमीटर

सी] डायल टेस्ट इंडिकेटर

डी] गेज

औद्योगिक प्रशिक्षण संस्थान

मासिक टेस्ट -8, अंक- 20, तिथि:- ______________

(प्रत्येक प्रश्न दो अंक का होता है)

1-111] होल’30 +0..021, 0.000 और शाफ्ट 30 -0.110, 0.143 के बीच आवश्यक अधिकतम निकासी है।

ए] 0.110 मिमी ‘

बी.0.131 मिमी

सी] 0.164 मिमी

डी] 0.143 मिमी

2-112] एक ड्राइंग में एक आयाम 25 .1002 मिमी बताया गया है] सहनशीलता क्या है?

ए] +0.02 मिमी’

बी] +0.04 मिमी

सी] -0.02 मिमी

डी] 25.00 मिमी

3-113] एक छेद में एक पिन लगाया जाता है] पिन का सहिष्णुता क्षेत्र पूरी तरह से छेद के ऊपर होता है] प्राप्त फिट होगा?

ए] क्लीयरेंस फिट

बी] संक्रमण फिट

सी] हस्तक्षेप फिट

डी] रनिंग फिट

4-114] भाग के आकार को सहनशीलता दी जाती है

ए] आवश्यक अनुमेय आकार त्रुटि के भीतर भाग का उत्पादन

बी] उत्पादन बढ़ाएँ

सी] उत्पादन घटाएं

डी] घटकों को लगभग समाप्त करें

5-115] निम्नलिखित में से कौन सा क्लीयरेंस संपूर्ण बुनियादी प्रणाली के अंतर्गत फिट बैठता है?

ए] 20 एच7/पी6'

बी] 2067/211

सी] ज़ोग / जीएल

डी] 20 एच / जी 11

6-116] बीआईएस प्रणाली के अनुसार फिट के तीन वर्ग हैं

ए] क्लीयरेंस फिट, इंटरफेरेंस फिट और ट्रांजिशन फिट

बी] मध्यम फिट, पुश फिट और टाइट फिट

सी] फ्लैट फिट, गोल फिट और स्क्वायर फिट

डी] 'स्लाइडिंग फिट', लूज फिट और सिकुड़न फिट

7-117] निम्नलिखित सहिष्णुता विनिर्देशों में से किस एक का अधिकतम आयाम 20 मिमी से कम है?

ए] 20 +0.2,-0.3

बी] 20 320.2

सी] 20 -0.2, 0.3 ई

डीएम 20 +500, ~03

8-118] अधिकतम और न्यूनतम सीमा के बीच अंतर है ------------------------

ए] एकल मुखबिर

बी] मूल शाफ्ट

सी] निकासी

डी] सहिष्णुता

9-119] झाड़ी में स्वतंत्र रूप से चलने वाला 55 शाफ्ट फिट के प्रकार का होता है

ए] क्लीयरेंस फिट

बी] ड्राइविंग प्लेट

सी] संकोचन फिट

डी] उपरोक्त में से कोई नहीं

10-120] वर्नियर कैलिपर की सबसे छोटी संख्या है (मुख्य पैमाना = 49 डिवीजन, वर्नियर स्केल = 50 डिवीजन]

ए] 0.1 मिमी
बी] 0.01 मिमी
सी] 0.001 मिमी
डी] 0.02 मिमी

औद्योगिक प्रशिक्षण संस्थान

मासिक टेस्ट-9, अंक- 20, दिनांक:- ____________________

(प्रत्येक प्रश्न दो अंक का होता है)

1-126] माइक्रोमीटर के बाहर एक मीट्रिक की आस्तीन पर सबसे छोटे विभाजन का मान है -----
ए] 0.50 मिमी
बी] 1.00 मिमी
सी] 1.50 मिमी
डी] 2.00 मिमी

2-127] माइक्रोमीटर में शाफ़्ट स्टॉप --------- में मदद करता है
ए] दबाव को नियंत्रित करें
बी] स्पिंडल को लॉक करें
सी] शून्य त्रुटि समायोजित करें
डी] काम के टुकड़े को पकड़ो

3-128} डायल टेस्ट इंडिकेटर के उपयोग हैं ----------
ए] समांतरता और समतलता के लिए समतल सतह की जांच करने के लिए
बी] शाफ्ट और बार के सीधेपन की जांच करने के लिए
सी] छेद और शाफ्ट की एकाग्रता की जांच करने के लिए
डी] उपरोक्त सभी

4-129] डायल टेस्ट इंडिकेटर्स से पता चलता है कि माप --------
ए] एक बिंदु के माध्यम से आवर्धित छोटी भिन्नता आकार है
बी] 5 मिमी . के शीर्ष चरणों के बीच का अंतर
सी] घटक का वास्तविक आकार
डी] आयाम का सीधा पठन

5-130] उस उपकरण का नाम बताइए जो छोटे बदलाव को मापता है आकार मापा जाता है]
ए] वर्नियर कैलिपर
बी] माइक्रोमीटर
सी] डायल इंडिकेटर
डी] स्टील नियम

6-131] एचएसएस के साथ एल्यूमीनियम के लिए काटने की गति] उपकरण है
ए.] 30 मीटर/मिनट
बी.] 50 मीटर/मिनट
सी.] 70 मीटर/मिनट
डी.] 130 मीटर/मिनट
7-132] एक HSS उपकरण के साथ पीतल के लिए काटने की गति है
ए.] 10 मीटर/मिनट
बी.] 25 मीटर/मिनट
सी.] 70 मीटर/मिनट
डी.] 140 मीटर/मिनट
8-133] M24 x 3 मिमी आंतरिक धागे के लिए कट की गहराई है
ए] 0.5412 x 3
बी] 0.6134 x 3
सी] 0.5 x 3
डी] 0.7 x 3
9-134] 24 x 3 मिमी आंतरिक एक्मे धागे काटने के लिए, नौकरी का मुख्य व्यास है
ए] 20.00 मिमी
बी] 21.66 मिमी
सी] 21.00 मिमी
डी] 20.60 मिमी
10-135] मीट्रिक वर्ग थ्रेडिंग के लिए कट की गहराई है
ए] 0.6 एक्स पी
बी] 0.5 एक्स पी
सी] 0.5412 एक्स पी
डी] 0.6412 एक्स पी

औद्योगिक प्रशिक्षण संस्थान

मासिक टेस्ट-10, अंक- 20, दिनांक:- ____________________

(प्रत्येक प्रश्न दो अंक का होता है)

1-141] बड़े पैमाने पर उत्पादन के लिए किस मशीन का उपयोग किया जाता है?
ए] केंद्र खराद
बी] उत्पादन खराद
सी] विशेष खराद
डी] इंजन खराद
2-142] अधिक सटीक कार्य के लिए किस खराद का प्रयोग किया जाता है?

ए] केंद्र खराद
बी] विशेष खराद
सी] उत्पादन खराद
डी] टूल रूम लेथ
3-143] टूल रूम लेथ की सटीकता कॉम्पीर सेंटर लेथ से है।]
(एक कम
(बी) अधिक
(सी) बहुत कम
(डी) समान
4-144] लोकोमोटिव में एक्सल के साथ असेंबल व्हील खराद को चालू कर रहा है
(ए) केंद्र खराद
(बी) टूल रूम लेथ
(सी) व्हील लेथ
(डी) गैप बेड लेथ
5-145] ढलवां लोहे का उपयोग मशीन बेड बनाने के लिए किया जाता है क्योंकि -------
ए] यह अधिक संपीड़न तनाव का विरोध कर सकता है
बी] यह वजन में भारी है
C] यह सस्ती धातु है
D] यह एक भंगुर धातु है
6-146] निम्न में से कौन सा ऑपरेशन सेंटर लेथ पर नहीं किया जा सकता है?]
ए] टर्निंग
बी] धागा काटना
सी] गियर काटना
डी] टेपर टर्निंग
7-147] एक ठोस उपकरण का अत्याधुनिक उपकरण का बना होता है
ए] कार्बन स्टील
बी] हल्के स्टील
सी] सुपर हाई स्पीड स्टील
डी] स्टेलाइट
8-148] सीमेंटेड कार्बाइड थ्रेडिंग टूल की नोक है
ए] ब्रेज़्ड
बी] वेल्डेड
सी] मिलाप
D] टांग से जकड़ा हुआ

9-149] उपकरण काम की सतहों के खिलाफ रगड़ेगा और काटने की शक्ति बढ़ जाती है जब ..

ए] निकासी कोण अधिक है

बी] निकासी परी कम है

सी] रेक कोण अधिक है

D] रेक कोण कम होता है

10-150] काटते समय चिप का निर्माण किस पर आधारित होता है...

A] टूल का रेक एंगल

बी] उपकरण का निकासी कोण

C] टूल का वेज एंगल

डी] टूल का क्लीयरेंस और वेज एंगल

औद्योगिक प्रशिक्षण संस्थान

मासिक टेस्ट-11, अंक- 20, दिनांक:- ________________

(प्रत्येक प्रश्न दो अंक का होता है)

1-156] यदि कटिंग टूल सेटिंग को केंद्र की ऊंचाई से कम किया जाए तो क्या होगा?

ए] शीर्ष रेक कोण बढ़ाएं

बी] शीर्ष रेक कोण घटाएं

सी] रेक पर कोई प्रभाव नहीं

डी] निकासी कोण घटाएं

2-157] यदि काटने का उपकरण नौकरी के केंद्र को परेशान कर रहा है?

ए] फ्रंट क्लीयरेंस एंगल बढ़ाएं

बी] फ्रंट क्लीयरेंस एंगल घटाएं

सी] सामने निकासी कोण पर कोई प्रभाव नहीं

डी] उनमें से कोई नहीं

3-158] यदि काटने का उपकरण नौकरी के केंद्र की सेटिंग नीचे है?

ए] फ्रंट क्लीयरेंस एंगल बढ़ा हुआ है

बी] सामने निकासी कोण कम हो गया है

सी] निकासी कोण पर कोई प्रभाव नहीं

डी] उनमें से कोई नहीं

4-159] जीरो रेक एंगल टूल के लिए देते हैं?

ए] उपकरण के घर्षण से बचने के लिए

बी] उपकरण जीवन को बढ़ाने के लिए

C] सीधे टूल को बढ़ाने के लिए

डी] काम पर बेहतर परिष्करण के लिए

5-160] कार्बाइड टिप टूल के लिए हार्ड मटेरियल को चालू करने के लिए ...... आवश्यक है?

ए] साइड रेक कोण

बी] शून्य रेक कोण

सी] सकारात्मक रेक कोण

D] ऋणात्मक रेक कोण

6-161] काटने के उपकरण की धार को तोड़ने के लिए नहीं...?

ए] फ़ीड वृद्धि

बी] काटने की गति कम हुई

सी] नाक की लंबाई कम हो जाती है

डी] ऋणात्मक रेक कोण का प्रयोग करें

7-162] एक टूल में चिप ब्रेकर दिया जाता है

ए] 'यह चिप्स को छोटे टुकड़ों में तोड़ देता है'

B] लॉन्ग कट से निरंतर प्रकार के चिप्स प्राप्त करने के लिए

सी] कुचल चिप्स के लिए]

8-163] स्टेप टाइप चिप ब्रेकर एक है

ए] जिसमें एक छोटा नाली काटने वाले किनारे के पीछे जमीन है

बी] जिसमें एक कदम आईएस उपकरण के चेहरे पर अत्याधुनिक के साथ जमीन पर है

सी] जिसमें एक पतली कार्बाइड प्लेट या क्लैंप उपकरण के चेहरे पर ब्रेज़्ड या खराब हो जाता है]

9-164] लेथ चक को माउंट करने के लिए

ए] इसे हाथ से शुरू करें और फिर बिजली चालू करें

बी] इसे शक्ति द्वारा माउंट करें

सी] इसे हाथ से माउंट करें

D] हथौड़े की सहायता से इसे माउंट करें

10-165] वर्नियर बेवल प्रोट्रैक्टर की न्यूनतम संख्या है...

ए] 1"

बी] 5'

सी] 1?

डी] 5?

औद्योगिक प्रशिक्षण संस्थान

मासिक टेस्ट-12, अंक- 20, दिनांक:- ____________________

(प्रत्येक प्रश्न दो अंक का होता है)

1-388] जहां बड़ी संख्या में समान टुकड़ों को अनुक्रमित किया जाता है, वहां प्रयुक्त होता है

ए] डायरेक्ट इंडेक्सिंग हेड

बी] सरल अनुक्रमण शीर्ष

सी] यूनिवर्सल इंडेक्सिंग हेड

डी] उपरोक्त में से कोई नहीं

2-389] डिफरेंशियल इंडेक्सिंग के लिए कई तरह के गियर बदलने के साथ प्रयोग किया जाता है]

ए] डायरेक्ट इंडेक्सिंग हेड

बी] सरल अनुक्रमण शीर्ष

सी] यूनिवर्सल इंडेक्सिंग हेड

डी] उपरोक्त में से कोई नहीं

3-390] घर्षण से बने ग्राइंडिंग व्हील्स अपने फ्री और कूल कटिंग एक्शन के कारण सबसे आम हैं]

ए] एल्यूमिनियम ऑक्साइड

बी] सिलिकॉन ऑक्साइड

सी] अमोनियम ऑक्साइड

डी] कार्बाइड]

4-391] निम्नलिखित में से किस अपघर्षक का उपयोग ज्यादातर गैर-धातु सामग्री को काटने के लिए पहियों को काटने के लिए किया जाता है?

ए] एल्यूमिनियम ऑक्साइड

बी] सिलिकॉन कार्बाइड

सी] हीरा

डी] उपरोक्त में से कोई नहीं

5-392] टंगस्टन कार्बाइड टूल इंसर्ट को पीसने के लिए किस अपघर्षक कण का उपयोग किया जाता है?

ए] सिलिकॉन कार्बाइड

बी] ए|203

सी] हीरा

डी] कोरन्डम

6-393] निम्नलिखित में से कौन सा प्राकृतिक अपघर्षक है?

ए] एल्यूमिनियम ऑक्साइड

बी] सिलिकॉन

सी] बोरॉन कार्बाइड

डी] कोरन्डम

7-394] निम्नलिखित में से कौन सा निर्मित अपघर्षक है?

ए] कोरन्डम]

बी] क्वाट्र्ज

सी] सिलिकॉन

डी] एमरी

8-395] स्टील की फिटिंग को पीसने के लिए किस अपघर्षक कण का उपयोग किया जाता है?

ए] सिलिकॉन कार्बाइड

बी] एल्यूमिनियम ऑक्साइड

सी] हीरा]

डी] बोरॉन ऑक्साइड

9-396] कंक्रीट के पत्थर और चिनाई को काटने के लिए किस प्रकार के अपघर्षक कट ऑफ व्हील का उपयोग किया जाना चाहिए?

ए] सिलिकॉन

बी] अल 203

सी] डायमंड ग्रिट

डी] ग्लास

10-397] एल्युमिनियम ऑक्साइड व्हील का उपयोग पीसने के लिए किया जाता है ------------

ए] कच्चा लोहा

बी] सीमेंटेड कार्बाइड।

सी] एचएसएस '

डी] सिरेमिक